temas de corrupção política

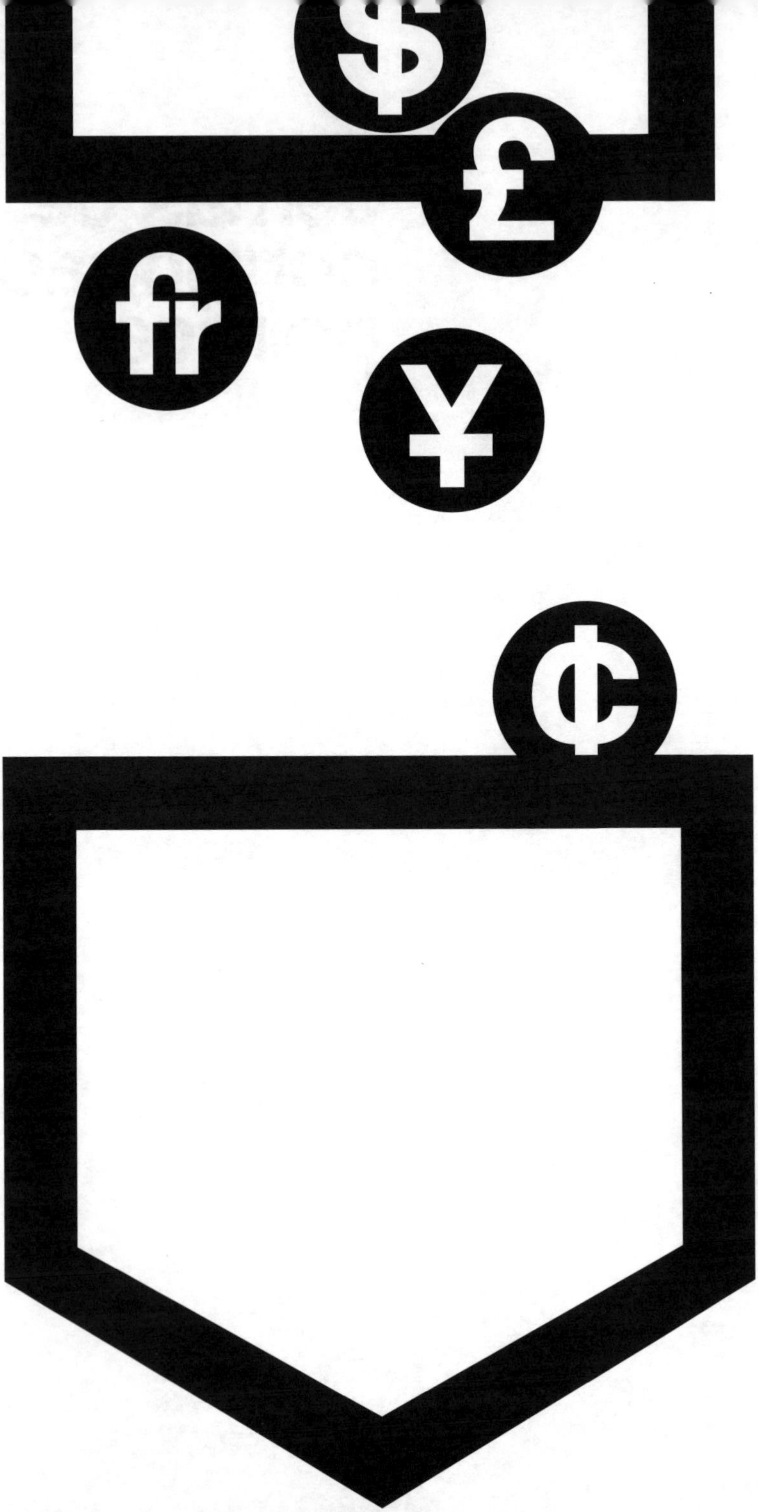
$
£
fr
¥
¢

temas de corrupção política

Rita de Cássia Biason (org.)

Centro de Estudos e Pesquisas sobre Corrupção (CEPC/Unesp)

balão editorial

EQUIPE BALÃO EDITORIAL
Flávia Cristina Yacubian
Guilherme Kroll Domingues
Natália Carrança Tudrey
CAPA Studio DelRey

CIP-BRASIL. CATALOGAÇÃO-NA-FONTE

Biason, Rita de Cássia.
Temas de corrupção política / Rita de Cássia Biason. –
São Paulo: Balão Editorial, 2012
208 p.
Inclui bibliografia
ISBN: 978-85-63223-14-2
1. Corrupção na política. 2. Serviço público – Ética.
3. Controladoria. 4. Cultura política – Brasil. 5. Setor público –
Organização. 6. Democracia – Brasil. I. Título.
CDD: 320.981

ACOMPANHE-NOS NA WEB!
www.balaoeditorial.com.br
Twitter: @balaoeditorial
Facebook: www.facebook.com/balaoeditorial

PARA FALAR COM A GENTE:
balaoeditorial@balaoeditorial.com.br

Sumário

Prefácio

A questão da corrupção é de natureza complexa - quer por seus meandros quer pela dificuldade de comprovação -, portanto, a compreensão e o controle do fenômeno necessitam de dedicação dos pesquisadores em seus estudos sobre o tema.

Este livro é produto do esforço de pesquisadores que, ao longo dos anos, têm se ocupado do tema da corrupção, com resultados positivos, e que se propuseram a refletir sobre o objeto por meio de debates realizados na Unesp/Franca, com o apoio financeiro da Fundação para o Desenvolvimento da Unesp - Fundunesp, da Pró-Reitoria de Extensão Universitária da Unesp - Procx e da Fundação Konrad Adenauer.

A obra divide-se em seis capítulos: o primeiro, de minha autoria, ocupa-se da definição de corrupção a partir da revisão bibliográfica dos principais teóricos que discutem o objeto; o segundo, "Ética pública e corrupção", é um contribuição além-mar do professor português André Barata, que atribui à ética pública papel fundamental no enfrentamento da corrupção.

O professor Bruno Speck contribui com um artigo em sua área de especialidade, financiamento político, descrevendo na primeira parte do artigo o funcionamento da legislação e, na segunda parte, a relação com a corrupção.

Fernando Filgueiras e Marjorie Marona apresentam o resultado de um *survey*, "Corrupção e Interesse Público", fazendo uma análise crítica do papel do judiciário na cultura política brasileira e sua relação com os três poderes.

O quinto capítulo é sobre o "jeitinho" brasileiro, sua relação com a corrupção e a sua influência sobre a democracia brasileira. O docente responsável é Matthew

Taylor. O sexto e último artigo nesta coletânea é de Oscar Sanchez e Marcelo Araújo, sobre a controladoria e o setor público, e propõe um modelo integrado de controladoria que culmine no controle da corrupção.

Esperamos que *Temas de corrupção política* possa auxiliar acadêmicos e interessados no tema, na superação da compreensão, da prevenção e controle da corrupção.

Rita de Cássia Biason

Questão conceitual: o que é corrupção?

Rita de Cássia Biason[1]

Inicialmente, para entendermos a corrupção, devemos considerar que, apesar de mais de cinco décadas de estudos sobre ela, há ainda dificuldade quanto a um consenso do que vem a ser uma ação corrupta. Essa dificuldade ocorre em grande parte porque a corrupção não pode ser definida com base em uma única disciplina, mas, sim, em um conjunto que engloba outras, tais como: economia, administração pública, filosofia, ciência política, direito, antropologia e sociologia.[2] Acrescente-se a isso o contexto em que ocorre o ato corrupto, e qual é a organização do sistema político, econômico e cultural.

Antes de adquirir tom mais científico, os estudos sobre corrupção estavam impregnados de conteúdo moral, ou seja, a corrupção era um ato condenável por violar as normas morais. Ao estabelecer um "significado moral", a compreensão e o julgamento ficavam personalizados. A responsabilidade social e política ficavam atreladas à ação de pessoas más, de caráter vulnerável, suscitando um problema: a infração cometida por funcionários públicos estaria associada à moral e não a um desvio de comportamento ou à ruptura da função que lhe foi atribuída.

Um segundo momento traz o debate da corrupção associando-a ao sistema social (Brei, 1996b, p. 104) e, portanto, dizia respeito a um fenômeno social

1. Professora de Instituições Políticas Brasileiras e Coordenadora do Centro de Estudos e Pesquisas sobre Corrupção (CEPC) na Universidade Estadual Paulista (Unesp)/ Campus de Franca. Contato: <ritabiason@franca.unesp.br>.

2. Partilhamos da premissa exposta por Williams, 1999, p. 503.

(perspectiva funcionalista) (Caiden; Caiden, 1997, p. 301). Essa análise define a "estrutura social" como fomentadora das motivações sociais que incentivam a corrupção. Diferentemente da abordagem personalística, que possui conteúdo mais individual, essa perspectiva aponta a corrupção como subproduto de pressões sociais e culturais. Desse modo, a cultura e a estrutura social são aspectos importantes na compreensão da corrupção. No caso da explicação cultural, parte-se do pressuposto que nos países em desenvolvimento existe uma lacuna entre normas e leis sociais informais, ou seja, há divergência entre as atitudes, os objetivos e os métodos de governo. Segundo Van Roy:

> Essa abordagem centra-se sobre os propósitos ou fins, servidos por instituições particulares. A função é igualada com a estabilidade sistêmica; funcionalistas salientam o papel desempenhado pela cultura integrativa em qualquer assunto que tratam, incluindo a corrupção. Embora supostamente sem viés moral, o funcionalismo tem o valor carregado em favor do *status quo* [...]. Funcionalismo em sua forma pura postula o relativismo cultural (1970, p. 88).[3]

Os funcionalistas afirmam que nem sempre os resultados da corrupção são negativos, podendo servir de estímulo ao processo de desenvolvimento político e econômico dos países em desenvolvimento ou em transição para a democracia (Brei, op. cit., p. 105). O problema, nessa abordagem, é que a corrupção parece estar atrelada aos costumes e às tradições de um país. Desconsidera-se, por exemplo, a organização institucional e administrativa do Estado.

Um terceiro momento traz o viés legalista da corrupção, no qual o julgamento legal e normativo serviu de parâmetro para a compreensão e definição da corrupção. Nesse ponto, residem três problemas: o primeiro refere-se à aplicação do termo baseado no arcabouço jurídico, que varia de país para país. Em parte, a solução encontrada foi uma definição geral que, por meio dos tratados e conven-

3. Textos na língua original foram traduzidos livremente pela autora.

ções, permitisse equalizar os atos corruptos pelo mundo. O segundo problema nessa abordagem é a corrupção ser sempre retratada como violação de regras e leis, deixando ao segundo plano os aspectos sociais, políticos e econômicos. O terceiro problema é a abordagem poder caminhar no sentido contrário do que é percebido como corrupto pelo público, por agentes políticos e pela mídia.

Entre os anos 1960 e 1980, inserida no contexto legalista, a definição comumente usada foi centrada em cargos e funções públicas, elaborada para reforçar a diferença entre esfera pública e privada. Os funcionários seriam compensados por salários regulares em vez de fazer uso privado dos recursos públicos. Nesse contexto, insere-se Nye, que no artigo "Corruption and Political Development: A Cost-Benefit Analysis" [Corrupção e desenvolvimento político: uma análise de custo-benefício] estabelece um diálogo entre moralistas e revisionistas quanto ao desenvolvimento da corrupção (1967, p. 417). A definição que o autor nos apresenta é a de que "corrupção é um comportamento que se desvia dos deveres formais de um cargo público por causa de vantagens ou ganhos pecuniários ou o *status* oferecidos a seu titular, familiares ou amigos; ou que viola normas que impedem o exercício de certas modalidades de influência de interesse de particulares, tais como: suborno; nepotismo; peculato" (idem, ibidem).

Segundo Williams, o mérito dessa definição é identificar comportamentos específicos, geralmente vistos como corruptos, e o fato de referir-se diretamente à conduta oficial de um funcionário ao mesmo tempo em que insere o componente legalista. Ou seja, Nye oferece a possibilidade de uma análise comparativa acerca da corrupção (op. cit., p. 505), porém, condena sob certo aspecto a conduta corrupta por favorecer-se dos meios públicos para fins privados. Partilha da ideia de que a corrupção tem efeitos benéficos sobre o desenvolvimento econômico, ou que pode promover uma forma de desenvolvimento político (idem, p. 419). No caso do desenvolvimento econômico, a corrupção atua sobre a formação de capital;[4] a

4. "Quando o capital privado é escasso e o governo não tem capacidade de superávit fiscal, a corrupção pode ser uma fonte importante de formação do capital" (Nye, op. cit., p. 419).

redução da burocracia;[5] o empreendedorismo e os incentivos.[6] No âmbito das estruturas políticas de uma sociedade, a corrupção poderá preservar a legitimidade por meio da integração da elite[7] e da não elite.[8] Quanto à capacidade governamental, Nye afirma que as estruturas políticas de muitos Estados podem ser limitadas pelas novas instituições e pela fragmentação de um país. O autor pondera os aspectos funcionais e disfuncionais da corrupção (Brei, op. cit., p. 106). Portanto, os benefícios que a corrupção fomenta - ou não - dependem das circunstâncias favoráveis ou desaforáveis na qual ela se manifesta.[9] As probabilidades variam, segundo Nye, sob três condições:

1. Uma cultura de grupos dominantes tolerantes;
2. O grau de segurança por parte dos membros corruptos da elite;
3. Existência de controles sociais, institucionais e restrições sobre o comportamento corrupto (op. cit., p. 423).

A reação à proposição de Nye viria por meio da racionalização da abordagem funcionalista (Brei, ibidem). Autores como Caiden e Caiden pontuariam uma preocupação com as causas e os possíveis modos de redução da corrupção. Os autores entendem a corrupção como um fato estrutural e a definem com base nas classificações centradas no: interesse público; dever público; mercado

5. "Em muitos países novos, a associação de lucro com imperialismo levou a um desequilíbrio sistemático contra o mecanismo de mercado. Dada a insuficiência de recursos administrativos, na maioria dos novos Estados, pode-se dizer que a corrupção contribui para atenuar as consequências de determinados dispositivos econômicos" (Nye, op. cit., p. 420).

6. "[...] o empreendedor é um fator econômico vital para o desenvolvimento econômico, e se há um viés contrário aos incentivos privados de um país, [...] então a corrupção pode fornecer os meios de superar a discriminação contra os membros de um grupo minoritário e permitir que um empresário tenha acesso às decisões políticas necessárias as suas metas" (idem, ibidem).

7. "A corrupção pode ajudar a superar divisões em uma elite dominante, que poderia resultar num conflito destrutivo" (idem, op. cit., p. 421).

8. "A corrupção pode facilitar a transição da vida tradicional para a moderna, aproximando o camponês do funcionário público" (idem, ibidem).

9. Nye rejeita enfaticamente aqueles que lucram com a corrupção pela falta de honestidade, ou seja, para benefício próprio, pois poderão destruir a legitimação do sistema.

(op. cit., p. 102). O interesse público é tido como o mais problemático pelos autores pois pode impedir o reconhecimento da corrupção por justificar que a ação seja de interesse coletivo. O dever público refere-se a um "comportamento que se desvia dos deveres formais de uma função pública por causa da violação de regras por conta de relações particulares, ganhos pecuniários ou obtenção de *status*" (idem, op. cit., p. 302). Na definição centrada no mercado, a corrupção envolve a mudança de um modelo de venda obrigatória para um modelo de mercado livre, ou seja, a corrupção é uma instituição extralegal utilizada pelos indivíduos ou grupos para ganhar influência sobre as ações da burocracia (idem, ibidem).

Nessa linha de definição de corrupção por meio de cargos públicos, teremos Leff (apud Brei, 1996a, p. 65) e Van Klaveren (1989, p. 25-8). O último afirma que "corrupção significa que um funcionário civil abusou de sua autoridade, a fim de obter uma renda extra por parte do público [...]", portanto, haverá corrupção sempre que um funcionário público considerar seu cargo público um negócio, procurando maximizar seus rendimentos por meio dele. A repartição pública passa a ser uma unidade de maximização (idem, op. cit., p. 25-6). Leff, por sua vez, também baseia sua concepção em cargos públicos e nas normas para o exercício deles (Philp, 1997, p. 444).

Oscilando entre um viés funcional e legalista, essa abordagem traz a corrupção sistêmica[10] ao campo administrativo. A contribuição dessa análise possibilita um melhor entendimento da corrupção ao distinguir os diversos segmentos do governo, seus diferentes códigos de conduta profissional e sua maior ou menor autonomia em relação a outros grupos sociais. Não se justifica, pois, a presença da corrupção "[...] mesmo que seja para reduzir a rigidez da burocracia nas suas relações com a sociedade. A corrupção sistêmica bloqueia todos os esforços de

10. "Diz-se que a corrupção sistêmica ocorre sempre que o sistema administrativo se transpõe aos efeitos esperados da organização, obrigando os participantes a seguir o que seria chamado de formas inaceitáveis [...]. O comportamento desviante está tão institucionalizado que nenhum indivíduo pode ser pessoalmente acusado de participação [...]" (Philp, 1997, p. 306).

reforma e modernização da burocracia, e leva à perda da autoridade [...]" (Brei, 1996b, p. 109).

A definição centrada nos cargos públicos seria revista por economistas como Rose-Ackerman e Klitgaard, autores que analisam o governo por meio da economia e veem o seu funcionamento da mesma forma que monopólios de empresas privadas (Williams, op. cit., p. 506). Enquanto Rose-Ackermann "explora a interação entre atividade econômica produtiva e a procura improdutiva de rendimentos focando no fenômeno universal da corrupção no setor público" (2002, p. 21), Klitgaard diz que "existe corrupção quando um indivíduo coloca ilicitamente interesses pessoais acima dos das pessoas e ideais que ele está comprometido a servir [...] pode incluir o abuso de instrumentos de políticas públicas [...] ou procedimentos simples. Pode ocorrer no setor público ou privado" (1994, p. 11).

Apesar da aproximação econômica, a compreensão dos efeitos da corrupção é distinta. Ackerman é clara ao afirmar que a corrupção é "sintoma de que qualquer coisa ocorreu mal na condução do Estado" (op. cit., p. 27), enquanto Klitgaard diz que "pagamentos, nomeações e políticas motivadas pela corrupção podem trazer benefícios" (op. cit., p. 48) – nas palavras do autor "o nível ótimo de corrupção não é zero" (p. 41).

Inserida no viés econômico, a teoria de *rent-seeking*,[11] ou rentismo, é um conceito-chave que tem por tema central de sua investigação econômica o "problema da dissipação de rendas através da competição dos agentes por monopólio ou proteção legais, [...] a ação do Estado na concessão de direitos de propriedade possui efeitos nocivos do ponto de vista da eficiência econômica" (Fiani, 2012, p. 2). Dentre os efeitos nocivos, há o suborno a funcionários públicos, considerado uma "forma de transferência de renda e não desperdício de recursos que uma vez apropriados por funcionários poderá provocar compe-

11. Assim é chamado o comportamento de empresários com o objetivo de obter privilégios no mercado por meio de *lobbies*. A polêmica está em definir se esse tipo de comportamento é corrupto ou não.

tição pelos cargos sujeitos ao suborno" (idem, op. cit., p. 3). A dificuldade do conceito de *rent-seeking* é ele não ajudar na distinção entre meios corruptos e não corruptos. Para entender o que são as ações corruptas seria necessário definir cargos públicos e as normas associadas.

Outra conceituação refere-se à teoria do Agente-Principal, ou teoria da Agência, pertencente ao campo de estudo da escola de economia novo institucionalista.

> Os agentes são implementadores de políticas públicas, e os principais são os formuladores de política pública. Tal teoria baseia-se nas seguintes premissas para alcançar sua conclusão:
>
> • Os agentes fazem escolhas para os principais (estrutura da decisão);
>
> • Os principais não podem rever todas as escolhas adotadas (estrutura da informação);
>
> • Os principais deveriam fornecer "incentivos" para forçar os agentes a adotarem "boas escolhas".
>
> A teoria está baseada na seguinte racionalidade:
>
> • O processo pelo qual os agentes realizam suas escolhas é uma função de custo e oportunidade;
>
> • Tal função pode ser maximizada se os agentes tiverem incentivos para fazerem boas escolhas para os principais (Gomes, 2003).

A teoria da Agência utiliza-se das mesmas suposições sobre o comportamento humano que o *rent-seeking*. Portanto, podemos afirmar que os funcionários estão preocupados em maximizar seus autointeresses, mas se as oportunidades corruptas forem apresentadas, se apropriarão delas, a menos que sejam controlados e supervisionados. A análise da teoria está centrada na inter-relação que existe fora dos órgãos públicos, na relação destes com a sociedade. A corrupção ocorre quando um agente público age em favor de uma terceira parte de quem ele recebe um suborno. A análise de agente-principal tem influenciado agências de governos e instituições financeiras na questão da corrupção, especificamente na análise de condições que propiciam uma pessoa a agir corruptamente.

A dificuldade nessa abordagem é que para o problema político e administrativo precisa-se encontrar um agente, ou seja, "a corrupção é consequência de agentes descontrolados que traem a confiança do principal" (Williams, op. cit., p. 508). A questão é que o comportamento classificado como corrupto requer um contexto, e alguns pontos de referência relevantes para uma reflexão sobre política são abandonados, como: caráter da política, estabilidade, legitimidade do governo, tipos de organização, processos de reforma, limites e fontes de poder. De forma geral, a abordagem centrada nos cargos públicos gera dificuldade para lidar com o campo da política (idem, ibidem).

Inspirados no modelo Agente-Principal, Della Porta e Vanucci entendem a corrupção política e burocrática como "[...] uma violação omitida no contrato que, implícita ou explicitamente, estabelece a delegação de responsabilidades e de algum exercício de poder discricionário [...] por um agente público que, contra as preferências ou o interesse do principal (a sua organização pública), age em favor de uma terceira parte de quem ele recebe um suborno" (1999, p. 4-15). De acordo com os autores, os "contratos" que os agentes estabelecem com o Estado – e nesse sentido com os cidadãos que o Estado representa – impõem o respeito às regras que restringem o poder discricionário do agente, justamente para limitar o potencial de conflito entre os interesses privados do agente e os interesses do principal. Portanto, haverá corrupção se o agente público não respeitar as regras por causa da intervenção de uma terceira parte: o corruptor. Essa intervenção induz o agente a vender os recursos relacionados com seu papel (seja um poder de decisão, uma informação reservada ou uma proteção, de modo que obtenha vantagem).

No campo da corrupção política, especificamente nas pesquisas empíricas de opinião pública, temos Heidenheimer (1989), cuja definição proposta está centrada na percepção. Avalia-se a corrupção com base em uma escala definida por grande, média e pequena – são avaliados da mesma maneira, a tolerância e a conceituação dada pelo cidadão a essa transação. As categorias que o teórico sugere são três: negra, cinza e branca. A opinião pública não é estática, ao contrário, altera-se de um contexto político para outro – por exemplo, a compreensão do que é a função pública.

Uma recente contribuição ao debate conceitual de corrupção surgiu do entendimento de que é necessário analisar uma série de conceitos interpostos ao de corrupção. Hutchcroft[12] afirma que é necessário desenvolver "conceitos híbridos" que "permitam compensar as insuficiências analíticas de corrupção".

Podemos inferir que alguns estudos sobre a corrupção têm sido prejudicados pelas deficiências nas definições. Analistas e estudiosos esperam que haja uma definição de corrupção suficientemente ampla que possa englobar todas as áreas em diferentes níveis. Porém, corrupção resiste a uma definição simples porque não se trata de um fenômeno hermético. A escolha de uma definição está relacionada ao foco da análise que o pesquisador deseja utilizar (Williams, op. cit., p. 512).

Além disso, se tomarmos as definições de cargos públicos, elas derivam das democracias ocidentais liberais e são totalmente inadequadas em contextos não democráticos. Talvez a corrupção tenha se tornado o que Williams chama de "conceito pega-tudo", que envolve todos os tipos de dificuldades políticas e administrativas. Devemos considerar em que medida a melhor análise estaria atrelada a definições por meio de combinações que respeitem o contexto em que está localizada, as perspectivas definidoras e seu propósito de definição (idem, ibidem).

Em suma, a análise e a definição do termo são preliminares, mas devem ajudar na compreensão da corrupção, reduzindo a tensão entre a definição e os métodos.

12. "A busca pela alocação de vantagem particularista tem sido objeto de investigação acadêmica, mas a linguagem e os conceitos empregados nesse processo de investigação têm variado ao longo do tempo e em todas as disciplinas. Cada um dos grandes paradigmas – rendas, corrupção e clientelismo – oferece importantes percepções aos economistas políticos, ainda que todos estejam aprimorados num esforço de troca de ideias. O que se segue é uma tentativa preliminar para encorajar uso de híbridos" (1997, p. 640).

Referências bibliográficas

Brei, Vinícius. "Corrupção: dificuldades para definição e para um consenso". *Revista de Administração Pública*, Rio de Janeiro, jan./ fev. 1996a.

___. "A corrupção: causas, consequências e soluções para o problema". *Revista de Administração Pública*, Rio de Janeiro, maio/ jun. 1996b.

Caiden, Gerald; Caiden, Naomi. "Administrative Corruption". *Public Administration Review*, v. 37, n. 3, maio/ jun. 1977.

Della Porta, Donatella; Vanucci, Alberto. *Corrupt Exchange: Actors, Resources and Mechanisms of Political Corruption*. Nova York: Aldine de Gruyter, 1999.

Fiani, R. "Uma avaliação crítica da teoria de *rent-seeking*. Disponível em: <bit.ly/LssdKK>. Acesso em: 16 jul. 2012.

Gomes, Marcelo Barros. "Políticas de gestão pública e controle: desafios de implementação". VIII Congreso Internacional del CLAD sobre la Reforma del Estado y de la Administración Pública, Panamá, 28-31 out. 2003.

Heidenheimer, Arnold. "Perspectives on the Perception of Corruption". In: Heidenheimer, A.; Johnston, M.; LeVine, V. (ed). *Political Corruption: A Handbook*. New Brunswick: Transaction Publishers, 1989.

Hutchcroft, Paul. "The Politics of Privilege: Assessing the Impact of Rents, Corruption, and Clientelism on Third World Development". *Political Studies*, Political Studies Association and Wiley-Blackwell, XLV, 1997.

Klitgaard, Robert. *A corrupção sob controle*. Rio de Janeiro: Jorge Zahar Editor, 1994.

Philp, Mark. "Defining Political Corruption". *Political Studies*, Political Studies Association and Wiley-Blackwell, XLV, 1997.

Nye, Joseph Samuel. "Corruption and Political Development: A Cost-Benefit Analysis". *The American Political Science Review*, v. 61, n. 2, jun. 1967.

Rose-Ackerman, Susan. *Corrupção e Governo*. Lisboa: Prefácio, 2002.

Speck, Bruno. "Mensurando a corrupção: uma revisão de dados provenientes de pesquisas empíricas". *Cadernos Adenauer: os custos da corrupção*, São Paulo, Fundação Konrad Adenauer, v. 10, dez. 2000.

Van Roy, Edward. "On the Theory of Corruption". *Economic Development and Cultural Change*, v. 19, n. 1, out. 1970.

Van Klaveren, Jacob. "The Concept of Corruption". In: Heidenheimer, A.; Johnston, M.; LeVine, V. (ed). *Political Corruption: A Handbook.* New Brunswick: Transaction Publishers, 1989.

Williams, Robert. "New Concepts for Old?". *Third World Quarterly*, v. 20, n. 3, jun. 1999.

Ética pública e corrupção

André Barata[1]

Começa aqui a intriga vilipendiosa das autoridades. O governador civil chama parcialmente cada administrador do concelho e tem com ele estes nobres dizeres:
– Pelo seu círculo o governo propõe fulano. Compromete-se a fazê-lo vencer?
– Farei as diligências...
– Nada de palavras equívocas: ou a eleição certa para o governo ou a demissão para si. De resto peça, intrigue, difame, compre, ameace, maltrate. Isso é consigo. O que nós queremos é que o governo vença.
O administrador tem família, ou vive daquele escasso rendimento, ou quer seguir a carreira administrativa, sente o seu interesse que o insta, que o seduz – cede a S. Ex.ª o governador civil:
– Pois bem, diz, respondo por tudo; mas tenho exigências.
– Venham elas.
– É necessário que seja demitido o reitor do liceu, que é todo oposição.
– Cá assento.
– Que seja transferido o escrivão da fazenda. Coitado, que transtorno lhe vai fazer! Mulher e quatro filhos. A mulher é da vila...Mas enfim...
– Está claro, para a frente!

(Eça de Queiroz e Ramalho Ortigão, *As Farpas*, p. 59)

1. Doutor em Filosofia Contemporânea pela Universidade de Lisboa (2004) e professor na Universidade da Beira Interior (desde 2002), onde dirige o Mestrado de Ciência Política, sendo o regente da disciplina de Ética e Política. Integrou os corpos sociais da Associação Portuguesa de Ciência Política e da Sociedade Portuguesa de Filosofia. Foi professor visitante na Uerj e na Unifor em 2011. Publicou, em 2007, o livro *Sentidos de liberdade*, e, em 2011, editou o livro *Representações da portugalidade*.

O fenômeno idiossincrático da corrupção

Reconhece-se nas nossas sociedades moralmente liberais uma dupla afirmação de pluralismo, seja a respeito dos múltiplos sistemas de valores morais que organizam e regulam diversamente os modos de vida de cidadãos, seja a respeito dos variados modelos teóricos de ética que comparecem no espaço da discussão argumentada. Para responder a esse pluralismo, mas também por ele informada, a construção de um espaço público, sempre de alguma maneira simbólica, encontra sua contraparte normativa, isto é, a justificação para juízos de apreciação e de depreciação sobre a ação humana nesse espaço, em uma ética específica, a que podemos chamar ética pública. Estando nela em causa o bem público, ou mesmo uma pluralidade de representações sobre o que seja o bem público, essa forma de ética aplicada revela proficiência quando, sem contribuir ela mesma para multiplicar a pluralidade de pontos de vista sobre maneiras de estar na comunidade, impulsiona a possibilidade efetiva do pluralismo.

Não significa que seja forçosamente em vista do pluralismo que se justifique uma ética pública. A natureza a um tempo simbólica e normativa do espaço público constitui-se segundo essa forma para o contexto histórico das nossas sociedades liberais hodiernas, nada implicando, porém, para outros contextos históricos, para outras formações do espaço público, reconhecíveis ou não na que nos concerne. Importa aqui notar que, abstraindo de suas instituições concretamente produzidas, do espaço público nada mais subsiste senão sua representação comunitariamente partilhada. O que se diz do espaço público e de sua ética, dir-se-á, com igual impacto, sobre os modos e as tendências desestruturantes do espaço público e, por essa razão, sobre os comportamentos que uma ética para o espaço público deprecia, entre os quais se enquadram claramente as variadas formas de uso abusivo dos meios e instrumentos públicos em proveito próprio.

Apenas sobre o pano de fundo de uma formação histórica eticamente valorizada as deformações oportunísticas se contrastam. A não ser em referência à primeira, dificilmente se poderão julgar adequadamente as segundas. Em todo caso, quando essas deformações alcançam uma expressão suficientemente lesiva, a consideração das ações e dos comportamentos eticamente censuráveis é deslocada para o plano das imposições legais, respectivas correspondências punitivas em vista das infrações e categorizações criminais relevantes, a saber, no quadro legal vigente na maioria dos Estados de Direito contemporâneos, o abuso de poder, o peculato, o tráfico de influências, a concussão, a participação econômica em negócio e, finalmente, a corrupção, com seus diferentes registros: seja a corrupção burocrática junto a agentes e representantes do poder público, seja a corrupção legislativa junto a representantes políticos com capacidade legislativa, seja a corrupção política, em que a iniciativa corruptora parte de membros da classe política em direção à sociedade, desde logo, mas não exclusivamente, pela corrupção eleitoral, tão bem ilustrada por Eça de Queiroz e Ramalho Ortigão no Portugal de finais de século XIX de *As Farpas*, sejam também, de acordo com os setores de atividade atingidos, a corrupção policial e a corrupção no desporto. Essas formas de criminalidade, mesmo não sendo todas juridicamente enquadradas nas variantes do crime de corrupção, gravitam sempre em torno do fenômeno da corrupção, na medida em que há nelas um traço geral de aproveitamento oportunístico de uma ordem de coisas comunitariamente valorizada, do bem público, portanto, de que resulta uma desnaturação corruptora que o prejudica. Aliás, é menos o proveito privado abusivamente obtido do bem público do que as consequências degenerativas lesivas que sobre este surtem efeito o que incrementa fortemente a gravidade pública da corrupção. Nesse tipo de criminalidade, o crime excede essencialmente a intencionalidade do criminoso. Justamente pelo referido efeito de degenerescência, ou percepção dela, a criminalidade dessa natureza, mais do que outras formas de criminalidade pública, é percebida como corruptora do próprio regime.

Recapitulando, sob o enquadramento aqui proposto, é preciso enfatizar três aspectos distintivos tratando-se de enfrentar o fenômeno da corrupção, seja o crime da corrupção seja a criminalidade diversa que participa, no entanto, da mesma natureza corruptora:

1. A atenção ao fenômeno da corrupção só secundariamente deve estar dirigida para os proveitos privados por ela proporcionados, devendo estar dominantemente dirigida à detenção dos seus efeitos desestruturantes no espaço público. Em outras palavras, importará sobretudo robustecer, com resistência acrescida, as instituições públicas diante da ameaça corruptora. E também as consciências dos cidadãos a respeito dos efeitos nefastos da corrupção.

2. Mais do que em outras formas de criminalidade, a ética pública é especialmente relevante no enfrentamento da corrupção, uma vez que esta, genericamente considerada, atinge, ainda que indiretamente, as próprias bases do regime. Por outras palavras, importará reconhecer que subjacente à corrupção há, além da dimensão judicial própria ao seu tratamento criminal, uma dimensão ético-política relativa à própria subsistência do espaço comunitário.

3. A compreensão limitadora do fenômeno da corrupção como simplesmente relevando da ordem da criminalidade conjuga-se com os entendimentos da corrupção que a separam da sua percepção. O efeito corruptor, afinal o essencial da corrupção, depende da percepção pública, da qual se seguem custos públicos dificilmente mensuráveis, mas ainda assim claramente perceptíveis nos termos de perda de qualidade do regime, em particular, a perda de confiança nas instituições públicas, a superestima de preferências privadas ou evitações de contato com o aparelho de Estado, a resistência a compromissos com poderes públicos e, na base de tudo, a capacidade básica de confiarmos uns nos outros.[2]

Pelos elementos expostos, é aceitável afirmar que a corrupção é um fenômeno idiossincrático que, tendo origem explícita no plano da criminalidade ou, ao menos, da censurabilidade pública, releva mais, porém, da ordem da qualidade

2. Essa é uma boa razão para não perder de vista os esforços do "Índice de Percepções de Corrupção", da Transparency International, para mensurar a corrupção com base em indicadores que medem sua percepção, seja com cidadãos e instituições nacionais, seja com observadores externos, não obstante a considerável falibilidade dos resultados e o criticismo que, com frequência, lhes é apontado (cf. Abramo, 2005).

das instituições públicas, da cultura política das comunidades, no fundo, da existência prática cotidiana do regime político, não fora ela um tema central para boa parte da história do pensamento político, aliás, não raras vezes como ingrediente para a explicação das dinâmicas de mudança de regime, desde Aristóteles e Platão, mas também com Maquiavel e ainda Rousseau. A idiossincrasia da corrupção reside, pois, na sua relevância enquanto fenômeno e conceito da teoria política.

Admitindo-se, por um lado, a premissa de que está em causa na globalidade das práticas que relevam da corrupção uma desestruturação do espaço público, e justificando-se, por outro, a afirmação de que a ética pública tem função essencialmente estruturante do espaço público, preservando a confiança interpessoal e o empenho no bem público como valor a perseguir, justamente aquilo que a corrupção degrada, então resulta, como argumentável, a tese de que a ética pública é, do ponto de vista dos efeitos que produz, o oposto da corrupção, constituindo assim o instrumento por excelência para enfrentar o fenômeno da corrupção.

Animado por essa tese, o presente capítulo desenvolve-se em vista de uma formulação possível do que seja a ética pública. Dialogando com conceitos propostos por Max Weber e Adela Cortina, sugere-se uma abordagem à ética pública como ética da lei pública, abordagem que reputaremos deontológica porque inspirada em Immanuel Kant, e com a qual se procurará esboçar um quadro de funcionamento governo-administrativo para os Estados de Direito democráticos contemporâneos, cuja vida pública se pauta por formas cada vez mais complexas e difíceis de regular explicitamente em forma de lei.

Apesar da sustentabilidade da correlação entre uma cultura de ética pública e o combate à corrupção, há que ter em conta a problemática nem sempre transparente das relações e remissões entre ética e política, particularmente salientes em uma contemporaneidade em dívida com a aparente falência da linguagem das ideologias e reconduzida a estruturas menos formalizadas e mais próximas da experiência mundana de valores éticos dos cidadãos da comunidade. Com tais comentários, visa-se acautelar uma excessiva confiança no regresso do discurso dos valores como alegado reforço de uma ética na política, ou mesmo de uma ética pública, a pretexto do enfrentamento da corrupção. Com efeito, a ambivalência suscitada pela oscilação entre política e ética proporciona, como consequência de uma possível sobredeterminação moral da política, a subdeterminação política da ética pública, o que, paradoxalmente, em nada contribuiria para um enfrentamento bem-sucedido das práticas corruptoras.

A ética pública como uma ética aplicada

No âmbito da investigação ética, é habitual distinguir-se os campos de estudo da *metaética* e da *ética normativa*, sucedendo que a primeira se preocupa com questões teóricas sobre a natureza da ética, interrogando-se, por exemplo, sobre as diferenças entre juízos de valor e juízos de fato, bem como sobre a objetividade ou a relatividade que se possa esperar daqueles, originando posicionamentos tão diversos como os do objetivismo moral, do relativismo moral cultural e o do subjetivismo moral.

Por seu turno, a disciplina da *ética normativa* dedica-se a tentativas de particularizar um ou mais princípios pelos quais se possa determinar genericamente a diferença entre ações corretas e erradas. Tal como com a metaética, a ética normativa comporta variados posicionamentos, aliás, associados a uma longa história de debate, que hoje pode, essencialmente, ser resumida à opção entre três perspectivas distintas – o *deontologismo*, o *consequencialismo* e a *ética das virtudes*. De acordo com a primeira dessas perspectivas, as ações são corretas ou incorretas por si mesmas, não em função de uma finalidade externa. Por exemplo, a ação de mentir, segundo Immanuel Kant, o mais preeminente defensor da ética do dever, constitui uma ação moralmente incorreta independentemente dos benefícios ou malefícios que por meio dela se viesse a obter. De modo aparentemente contrário, o consequencialismo determina a correção das ações justamente avaliando as consequências que dela se seguem em vista de uma finalidade (*telos*) a promover. Em outras palavras, segundo esse posicionamento, os fins justificam os meios, de tal forma que, por exemplo, possa ser moralmente permissível mentir se a avaliação das consequências da ação de mentir justificar o ato à luz de uma finalidade a promover. Com efeito, não faria sentido alguém não mentir se mentindo evitasse um mal maior. Mau grado a previsível objeção, que mereceu uma célebre troca de argumentos entre Benjamin Constant e Kant,[3] é certo que as éticas deontológicas chamam a atenção para algo a que as éticas teleológicas não se mostravam, à partida, sensíveis: independentemente das consequências (e da consideração que lhes possamos dever), ações como mentir ou faltar ao prometido são, consideradas abstratamente, ações com valor moral bem distinto do de ações como honrar a palavra, ser verídico etc. Por seu turno, a ética das virtudes desloca a atenção para um terceiro aspecto, excluído da consideração ética, seja pelo deontologismo seja pelo consequencialismo, a saber, o agente propriamente dito, que, agindo, pode agir, ou não, virtuosamente. Para essa ética, a pergunta importante é "Que traço de caráter (que virtude) torna uma pessoa boa?" e não, como sucede com as teorias deontológica e consequencialista, a pergunta "Qual é a coisa certa a fazer?" (*teorias deônticas* e *teorias aretaicas* distinguem-se precisamente por responderem, respectivamente, a uma ou a outra das questões).

Ainda que essa variedade de posicionamentos suscite questões em torno de uma eventual compatibilidade, ou não, entre os respectivos pressupostos, tal dificuldade não tem, porém, constituído obstáculo significativo aos esforços no sentido de uma operacionalização genuinamente prática da ética a respeito de problemas e dilemas éticos muito concretos – aliás por vezes fortemente mobilizadores da sociedade. Desde a década de 1970, tornou-se comum a designação de *ética aplicada*, ou então, de *ética prática*, para esses esforços de "dar uso" a princípios propostos pelas teorias éticas.[4]

Ora, é no panorama das múltiplas éticas aplicadas que se tem articulado o campo de uma ética pública. Todavia, o que por aqui se clarificava volta a tornar-se

3. Cf. Constant; Kant, 2003.

4. A expressão "ética aplicada" e seu sinônimo "ética prática" entraram em uso nos anos 1970 quando filósofos e outros acadêmicos começaram a abordar problemas morais prementes na sociedade e na ética profissional (em especial na ética médica e na ética dos negócios). Exemplos proeminentes, então e agora, são o aborto, a eutanásia, a proteção de sujeitos humanos e animais na pesquisa científica, racismo, sexismo, ação afirmativa, risco admissível no local de trabalho, desobediência civil, guerra injusta, e a privacidade de informação (Beauchamp, 2005, p. 1) [textos na língua original foram traduzidos livremente pelo autor].

menos claro quando prestamos atenção às designações que habitualmente correm na bibliografia para a ética aplicada que nos ocupa – ora falamos de *ética pública*, ora de *ética para o setor público*, ora de *ética para o serviço público*, ora de *ética para a administração pública*. Previsivelmente, cada uma das designações recobre significativamente as restantes, acentuando um ou outro aspecto, até como resultado do ponto de partida donde se observa o assunto, por exemplo, se a partir da noção de serviço público ou se a partir da demarcação do setor público, aspectos que, como é sabido, estão longe de valer como moeda de troca um do outro. Nem todo serviço público é prestado pelo setor público – por exemplo, o comprometimento cada vez mais significativo nas sociedades liberais contemporâneas do setor empresarial com a causa pública por meio de formas de responsabilidade social das empresas –, nem é necessário que todo serviço prestado pelo ou no setor público seja serviço público.

A necessidade de proceder a precisões de filigrana a propósito da ética pública, seja assim designada ou não, nada tem que ver com outra necessidade, bastante mais básica, a saber, a de não permitir sua confusão com certos conjuntos de valores específicos a certos grupos políticos – digamos uma ética socialista ou uma ética democrato-cristã, por exemplo – sequer com conjuntos de valores específicos (ou supostamente específicos no entender de alguns) a certo tipo de regime político – digamos uma ética da república, a qual, aliás, também não deve ser confundida com a defesa, no quadro do republicanismo, de uma ética pública.

Max Weber, responsabilidade e convicção

Mais do que três posicionamentos concorrenciais, deontologismo, consequencialismo e ética das virtudes apresentam as três perspectivas fundamentais por que se pode observar um fenômeno constitutivamente tridimensional: o complexo *agente-ação-fins*. Sobretudo se situados em contexto de ação cotidiana, em que há que descer do plano da teorização e seus critérios de discussão para o plano das tomadas de decisão e de efetivas apreciações morais das circunstâncias, é razoavelmente óbvio que nossos juízos serão sensíveis não só à natureza da *ação*, mas igualmente às suas *consequências* e a *quem* a pratica. Na verdade, longe de proceder por exclusões, a sensitividade que pode influir nos nossos juízos morais tende a ser maximamente inclusiva. Max Weber de algum modo exprimiu essa preocupação, para o plano da ação política, ao contrapor uma "ética da responsabilidade" (*Verantwortungsethik*) à que denominou por *Gesinnungsethik*, expressão de difícil tradução, correntemente traduzida por "ética dos fins últimos", ou ainda, por "ética da convicção" (Swedberg; Agevall, 2005, p. 90-1). Não porque as últimas sejam literalmente substituíveis por uma ética da responsabilidade como se umas e outras tivessem de se equivaler funcionalmente em um mesmo quadro societário normativo; antes porque o lugar das convicções, pela natureza própria delas, é mais propício a âmbitos privados, como o de escolhas de consciência, relativas a valores e preferências pessoais, ao passo que a responsabilidade ética diz respeito sobretudo à ação contingente no espaço público – ação política –, onde importam de forma particularmente saliente as consequências de nossas escolhas.[5] Em outras palavras, a convicção "deve" ceder tanto mais lugar à responsabilidade quanto o âmbito do juízo ético se desloca da esfera dos valores e das preferências pessoais para o espaço público. De outro modo, o preço a pagar pela recusa de ceder nas convicções é a desresponsabilização pelas consequências da ação, apenas justificadas pela convicção da bondade intrínseca da ação e, eventualmente, ainda pela "fé" de que, feitas todas as contas, em virtude de alguma harmonia antecipadamente assegurada, no fim o resultado será positivo, tal como no preceito cristão (presume-se que formulado por Lutero) de que o cristão faz o que está bem e põe o resultado nas mãos de Deus.[6]

5. De acordo com Weber, a ação pode ser orientada em direção a uma ética da responsabilidade ou em direção a uma ética dos fins últimos [...]. No segundo tipo de ética, o que conta são as boas intenções, ao passo que no primeiro os atores têm sempre de tomar em conta que efeitos suas ações terão quando decidem sobre que ação tomar (Swedberg; Agevall, 2005, p. 90).

6. Uma ética dos fins últimos é comum na Cristandade, e segundo uma bem conhecida fórmula que Weber por vezes cita (e que provavelmente deveria ser atribuída a Lutero), "o Cristão faz o que está certo e põe o resultado nas mãos de Deus" [...]. Outro exemplo seria o do sindicalista que argumenta a favor da greve independentemente de seus resultados [...]. De acordo com Weber, que se alinha ele próprio com a ética da responsabilidade, aderentes de uma ética dos fins últimos não assumem responsabilidade pelos resultados das suas ações (Swedberg; Agevall, 2005, p. 90).

Uma ilustração exemplar e muito recente de emprego da dicotomia de Weber, em termos em tudo semelhantes aos expostos, encontra-se na tomada de posição do presidente de Portugal, Cavaco Silva, ao promulgar a lei que estende o direito legal de casamento a casais do mesmo gênero, decidindo-se assim por meio de uma evocação explícita da ética da responsabilidade, mesmo que dessa maneira se posicione frontalmente contra suas próprias convicções pessoais.[7] A capacidade de conter as próprias convicções, sacrificando-as para salvaguarda do melhor interesse público, pode ser entendida como valorização de uma atitude prudencial na ação no espaço público,[8] mas nos termos de Max Weber, e em um tempo de convicções exaltadas, será, sobretudo, expressão das qualidades do homem político que, animado por convicções, as sabe, ainda assim, pesar e conter diante da ética da responsabilidade.[9]

Adela Cortina e a ética civil

Adela Cortina tem desenvolvido, especialmente desde as duas últimas décadas, um enquadramento teórico, para o que designa por *ética civil*, diferentemente do proporcionado pela distinção weberiana entre convicção e responsabilidade. Socorrendo-se do conceito fenomenológico de mundo da vida (*Lebenswelt*),[10] à semelhança do que também Habermas fizera na sua *teoria da ação comu-*

7. Na sua declaração de 17 de maio de 2010, sobre o diploma da Assembleia da República que veio legalizar o casamento entre pessoas do mesmo sexo, Aníbal Cavaco Silva, presidente da República portuguesa, concluiu uma longa sucessão de lamentos pela aprovação do diploma com a promulgação: "Há momentos na vida de um país em que a ética da responsabilidade tem de ser colocada acima das convicções pessoais de cada um. Assim, decidi promulgar hoje a lei que permite o casamento civil entre pessoas do mesmo sexo". Disponível em: <www.presidencia.pt/?idc=22&idi=41152>. Acesso em: 20 jul. 2012.

8. Em última análise, para Weber o ator político motivado por uma ética da convicção ignora aslições prudenciais da sociologia da luta do poder [...] (Breiner, 1996, p. 171).

9. "A ética da responsabilidade e a ética da convicção não são, a este respeito, opostos absolutos, mas complementos, que constituirão em conjunto o homem autêntico, o homem que pode ter 'vocação política'" (Weber, 2005, p. 114).

10. Conceito cunhado por Edmund Husserl, fundador do pensamento fenomenológico. Pela expressão *Lebenswelt*, que traduzida literalmente quer dizer "mundo da vida", Husserl se refere a tudo o que, no ambiente em que estão inseridos, é experienciável, de forma autoevidente, pelos membros de uma mesma comunidade.

nicativa (1981), conceito que, depois de formulado por Husserl na sua *Krisis* (1936), como horizonte intersubjetivo de copertença passiva a um mesmo mundo, vai assumindo o sentido de pano de fundo de valores, atitudes e crenças comunitariamente partilhados de forma autoevidente e, portanto, inquestionada. Para Cortina, há uma *Lebenswelt* própria das sociedades pluralistas, ou seja, um conjunto de valores e princípios partilhados, não como resultado de uma construção teórica filosoficamente edificada, mas como formações da realidade social dinâmica e concretamente articulada. Essa partilha com base no pluralismo dispõe de alcance limitado, e é, sobretudo, condição que garante a diversidade plural de valores e concepções de boa vida. Daí que Cortina proponha a distinção, hoje célebre, entre *éticas dos máximos* e *ética dos mínimos*, as primeiras como uma pluralidade de sistemas de valores que se constituem com concepções de felicidade distintas, a segunda como uma ética dirigida à copossibilidade em um mesmo espaço comunitário da pluralidade de versões de éticas da felicidade.

Cortina emprega a expressão *ética civil* em detrimento da expressão ética pública, não porque de algum modo conteste a ideia de que aquela seja uma ética pública, mas por não reconhecer outra ética além da ética pública. De seu ponto de vista não há éticas "privadas", uma vez que todas as éticas visam, de uma maneira ou de outra, a publicidade e o enfrentamento da opinião pública e, portanto, da esfera pública. Apesar da justeza do argumento de Cortina, se concordarmos com a ideia de que toda relação ética pressupõe outra pessoa com quem se estabelece um ambiente normativo, não deixam, porém, de permanecer pertinentes as distinções entre ética pública e ética privada à luz de dois ou três critérios que não perturbam, na acepção de Cortina, a vocação pública de qualquer ética. Com efeito, um primeiro critério muito elementar limita-se a aferir o *alcance* ou *potencial impacto* das escolhas que cada pessoa faz sobre as outras. Nesse sentido, uma ética é tanto mais privada quanto menor, ou mesmo nulo, for esse alcance; e tanto mais pública será quanto maior for o alcance ou possível impacto das escolhas que fazemos sobre outras pessoas. Por exemplo, faz diferença do ponto de vista dos nossos juízos éticos saber se alguém que se alcooliza regularmente sofre, em virtude desse comportamento crônico, graves riscos para sua saúde, sem, no entanto, perturbar ninguém, ou se, não sofrendo de doença nenhuma, não se inibe de conduzir em via pública em estado de embriaguez. Um segundo critério atenta menos ao *alcance* intersubjetivo do que ao *âmbito* próprio das ações em apreço por uma ou outra das éticas privada ou pública. Em outras palavras, coextensivamente à distinção entre espaço público e vida privada, faz sentido diferenciar uma ética do espaço público de eventuais éticas relacionadas com a vida privada, na medida em que para cada um desses âmbitos estão sempre em causa ações e juízos sobre essas éticas. Portanto, sob esse segundo critério, a ética pública não é mais do que a ética no espaço público, em contraste com as éticas privadas, ou seja, as éticas relativas à vida privada das pessoas. O segundo critério é particularmente importante nas sociedades liberais, em que são enfatizados os limites da interferência do Estado e dos poderes públicos nas escolhas das vidas privadas das pessoas e suas concepções particulares de vida boa. Assim, no quadro das sociedades liberais, as escolhas éticas tendem a ser inteiramente livres enquanto permanecerem no âmbito da ética privada; apenas justificando seu condicionamento por restrições de algum tipo quando se reportam ao espaço público. Aliás, essa importante diferença explica a tensão por que passam as tendências para deslocar do âmbito da ética pública para o da ética particular escolhas como as relativas à aparência pública dos nossos corpos físicos – desde a clássica revolução de costumes associada ao uso da minissaia até os atuais *piercings*, por exemplo –, tratando-se de liberalizá-las, ou tendências em sentido inverso, para se tornarem objeto de ética pública, e não de ética simplesmente particular – escolhas como as relativas à liberdade de fumar em espaço público e que visam à sua crescente coibição. A inflexão de cada uma das duas tendências na sua contraparte de sentido inverso consiste em um dos mais relevantes motivos de confrontação política nas sociedades liberais contemporâneas. Um caso paradigmático de tal confrontação encontra-se no atual debate, na sociedade francesa, sobre a proibição do uso do véu integral: enquanto os defensores da proibição argumentam estar em causa a defesa do espaço público contra tentativas de desestruturá-lo, os oponentes à proibição reclamam contra a violência do Estado sobre o espaço privado de cidadãs francesas. Naturalmente, Adela Cortina não é insensível a essa diferença entre dois registros ou níveis de ética; simplesmente, vai constituí-la com base em novos conceitos e visando à sua proposta de fundamentação de uma ética civil. A novidade que introduz designadamente por meio da distinção entre éticas dos máximos e ética mínima não deixa de obter descrição satisfatória dos aspectos que acabamos de reportar ao par ética privada *versus* ética pública. De acordo com a filósofa espanhola, nas sociedades plurais, convivem perspectivas diversas sobre o que seja uma vida boa, cada uma constituída como sistema de valores completo regulado por uma ideia de felicidade. Essas proposições éticas máximas devem, contudo, respeitar um patrimônio comum a todas, um subsolo ético mínimo, que satisfaça as condições de possibilidade de uma convivência plural. Ao contrário das éticas máximas, éticas que convidam, sem compelir, a perseguir uma ou outra concepção de felicidade, um mínimo ético comum, devem ter valor de constrangimento socialmente exigível, cujo não cumprimento justifica um juízo moral negativo, ainda que não nos moldes sancionatórios do Direito, para os quais a sanção é externa. Nos termos felizes de Cortina, o Direito *impõe*, a ética civil *exige* e as éticas máximas *convidam*.[11] Esta ética mínima propõe-se responder à pergunta sobre o tipo de ética mais adequado à lei nas sociedades liberais moralmente pluralistas, ou seja, aparece

11. Portanto, a diferença entre ética cívica de mínimos e éticas de máximos não consiste em que a primeira esteja implementada na esfera pública, e as segundas na privada, ou em que a ética cívica exija razões públicas e as éticas de máximos exijam razões não públicas, mas na forma como obrigam: o cumprimento da ética cívica pode exigir-se moralmente à sociedade (ainda que não impor-se mediante sanção externa, coisa que o direito pode fazer), ao passo que as éticas de máximos devem convidar a seguir seu modelo de vida boa, mas não podem exigir seu cumprimento, nem menos ainda impô-lo mediante sanção externa (Cortina, 2000, p. 784).

como uma ética *da* e *para* a justiça,[12] e não tanto ou explicitamente como uma ética política para o regime democrático.[13]

Sem os mínimos civilmente partilhados, o pluralismo de valores reclamado pelas sociedades liberais seria mais propriamente designado pelo conceito weberiano, relembrado por Cortina, de um *politeísmo axiológico* (2001, p. 101) – forma de a sociedade viver seus valores morais que se caracteriza por um reconhecimento de que as escolhas morais de cada pessoa são inultrapassavelmente subjetivas – delas não podendo ser dado nenhum fundamento objetivo, pelo que, além da tolerância recíproca entre diferentes possibilidades de escolha, nenhuma outra atitude racional resta. Diante desse politeísmo tolerante, cuja "tolerância" apenas residiria na assunção do relativismo, a autora contrapõe o pluralismo moral como convívio da pluralidade de valores proporcionado pela partilha de mínimos éticos.[14] A contrapartida, aliás, bastante ambivalente, da afirmação de uma ética civil como condição estruturante da possibilidade de pluralismo de valores é a possibilidade de desestruturação ética da sociedade pelo regresso de tendências axiologicamente politeístas. Boa parte do debate, cada vez mais conflitante, do multiculturalismo nas sociedades europeias com importantes comunidades muçulmanas consiste em desfazer a ambivalência entre pluralismo e politeísmo morais.

....

12. O âmbito da ética cívica é o da justiça, que é um âmbito de exigência, não apenas de convite (éticas de máximos),mas também não é um âmbito de imposição ou coação externa (Direito) (Cortina, 2000, p. 784).

13. A ética cívica guarda uma grande semelhança como o que Rawls chama uma concepção moral da justiça. Não obstante, diferencia-se dela pelo menos nos seguintes aspectos: Em primeiro lugar, a meta da ética cívica não é política, no sentido liberal da expressão. Não pretende assegurar a estabilidade de uma constituição democrática, mas possibilitar que os cidadãos reforcem aqueles valores que já os unem e que são expressão de uma razão que os foi reconhecendo e criando historicamente. Em segundo lugar, a ética cívica não nasce com o afã de resolver conflitos judiciais [...] (Cortina, 2000, p. 785).

14. O pluralismo moral, ao contrário do politeísmo, exige pelo menos um mínimo de coincidência, não alcançado por acordos ou negociações, mas resultando de dentro, razão por que é incompatível com o relativismo, uma vez que o relativismo significa que o que é certo ou bom depende de culturas ou grupos, ao passo que o pluralismo reconhece minima comuns, válidos para todos. Os valores de que este mínimo comum é feito formam a ética cívica, que é a pedra de toque para a construção de diversas éticas profissionais, e também a ética de instituições e organizações (Cortina, 2001, p. 102).

A ética pública como ética da lei pública

Onde a ética da responsabilidade weberiana e a ética civil de Cortina se aproximam é no mesmo *sentido de contenção*, pelo qual fica, aliás, claramente ressaltado o lado perigoso da exaltação do discurso dos valores. Os mínimos partilhados de que fala Cortina - condicionando a obrigação moral aos mínimos -, e a matização das convicções diante da responsabilidade pelos efeitos que possam trazer à sociedade, balizam e limitam o terreno sensível em que se cruzam no espaço público, a ação política e o discurso moral. Há também uma importante convergência entre os dois autores na sensibilidade que ambos revelam à existência de um pluralismo de teorias éticas (não confundir com o pluralismo moral) que não obstam à razoabilidade dos juízos éticos.[15]

Mas entre Max Weber e Adela Cortina há também diferenças muito significativas. Se a preocupação de Weber é centrada nas atitudes assumidas pelos agentes, designadamente os agentes políticos, no seu relacionamento com os valores, para Cortina está menos em causa determinar sob que atitudes ou modos nos relacionamos com os valores, ou seja, se o fazemos segundo uma atitude de convicção ou uma atitude de responsabilidade, mas, antes, saber quais os valores realmente partilhados por dada comunidade, na convivência de um mesmo *mundo da vida*.

Defenderemos uma terceira perspectiva, mais substancial do que a assunção weberiana da responsabilidade prudencial para o plano da ação no espaço público, especialmente da ação política, mas, por outro lado, também menos substancial do que a partilha comunitária, sugerida por Cortina, dos valores próprios à vivência de uma sociedade pluralista. Podemos assumir, com a filósofa, que a *ética civil* é o resultado compósito do mínimo denominador comum entres as diferentes éticas convivendo no mesmo espaço social, por um lado, e

15. Eudemonistas, utilitaristas, kantianos e pragmáticos continuam a debater sobre as fundações da ética e sobre possíveis aplicações de tais fundações, de que decorre que haja também uma pluralidade de teorias éticas, com adjetivos descritivos da vida filosófica. A pluralidade de teorias éticas segue o pluralismo moral da vida de todos os dias (Cortina, 2001, p. 99-100).

"a cultura política própria de Estados de Direito", por outro.[16] Dadas as indicações, ficam, todavia, por explicitar quais são os traços distintivos da ética civil. Com efeito, a referência aos mínimos partilhados não é muito informativa, até por não ser claro se essa partilha deva ser condição de possibilidade de uma ética civil ou, bem diversamente, resultado bem-sucedido de uma ética civil. De uma maneira ou de outra, ficam sempre por conhecer que valores estão em causa nessa partilha comunitária. Com certeza, serão valores próprios à "cultura política própria de Estados de Direito", mas, ainda assim, importa determinar exatamente quais os valores aqui implicados, sob pena de se assumir compromissos maiores do que aqueles que realmente resultam da necessidade de uma ética pública. Por exemplo, é discutível que uma ética pública cujos valores correspondam aos mínimos para assegurar a cultura política própria de Estados de Direito tenha de englobar valores como o cosmopolitismo, ou mesmo certas versões do pluralismo.

Prosseguindo a estratégia "de mínimos" de Adela Cortina, mas procurando concretizá-la em valores explícitos, propomos uma interpretação da cultura política dos Estados de Direito de acordo com a qual está nela *fundamentalmente* em causa, à maneira de Weber, dada cultura política de relacionamento com a lei pública. E, de fato, a evidente disjunção, já mencionada atrás, entre ética pública e ética da República não deve ocultar a forte correlação entre ética pública e o que podemos designar por uma *ética da lei*, ou mesmo, de forma não inapropriada no caso de regimes republicanos, o que se poderia designar por uma ética da lei da República. Parte sensível do que está em jogo no entendimento da ética pública prende-se, pois, com juízos, de fundo ético, sobre as maneiras que escolhemos de nos relacionar com a lei pública em geral, juízos que, visando de alguma forma a regular essas formas de relacionamento, refletem um quadro normativo válido tanto para âmbitos em que está efetivamente

16. A ética civil é uma "*ética de mínimos*" partilhados pelas éticas de máximos e pela *cultura políticaprópria* dos Estados de Direito" (Cortina, 2000, p. 783).

em causa cumprir leis como para âmbitos de ação no espaço público em que, não se dispondo de uma regulação explícita em forma de lei, persiste o dever de respeito ao espírito da lei pública. Aliás, o próprio quadro normativo de uma ética pública enquanto ética da lei pública não pode ele mesmo ser deduzido do trabalho Legislativo, pois, se assim sucedesse, incorrer-se-ia em uma regressão ao infinito.

Apesar da manifesta inspiração weberiana no deslocamento da atenção ética dos valores para as atitudes diante dos valores, podemos filiar essa forma de conceitualizar a ética pública na bem conhecida ideia kantiana de determinação da ação pelo respeito à lei, ideia crucial para a distinção que Kant propôs entre *legalidade* e *moralidade*. Com efeito, sob essa distinção, as ações podem ser determinadas pelo dever (ou seja, pelo respeito pela forma universal da lei) ou estar simplesmente em conformidade com o dever (e, portanto, com a lei), mas realmente determinadas, na intenção, por outros motivadores.

Ética pública e Estado

Independentemente desta ou daquela proposta de enunciação de um conceito de ética pública, é preciso dar notícia de uma importante inflexão no tipo de atenção que a ética pública presta à lei, inflexão, sobretudo desde os anos 1990, marcante para o que vai sendo hoje a teoria e, talvez mais decisivo, as práticas de ética pública. Concretamente, vale cada vez menos como motivação exclusiva para uma ética pública a preocupação com assuntos da ordem do ordenamento jurídico, como os crimes de corrupção, tráfico de influências, nepotismo, emprego de informação privilegiada para benefício próprio, abuso de poder. Tais fatores apelam para que a ética pública se preste a um papel sucedâneo ao da lei, e, portanto, demonstravelmente transitório em função do aperfeiçoamento do ordenamento jurídico. Ainda que tenhamos diversos exemplos de comissões de ética moldadas enfaticamente sobre esse modelo judicialista da ética pública, são hoje em dia também outros os motivadores da ética pública, conferindo-lhe um desenho autônomo diante da função legisladora do Estado, antes assumindo uma função na vida do Estado que cumpre dimensões deste que, por princípio, escapam à eficácia legislativa.[17]

A crescente complexidade do governo e da administração da coisa pública, especificamente nos regimes democráticos assentes no princípio do Estado de Direito, tende a assumir para a ética pública uma função, perdoe-se o esquematismo, análoga à de um lubrificante que diminui o atrito no funcionamento do dispositivo legal. O recentramento da ética pública na especificidade de uma função tem ainda a importância de nos permitir superar o estigma de uma ética pública pensada como imperativo moral ou chamada de atenção sobre o desacerto na conduta pública. Por conseguinte, está menos em causa uma concepção da ética pública supletiva e corretora do que uma concepção estruturante e reguladora da prática governativa e do serviço público nas suas diferentes dimensões e nos respectivos efeitos no cotidiano dos cidadãos no tecido social.

Essa concepção mais ampla de ética no serviço público compagina-se bem com uma cultura política que promove a ideia de uma ética pública em termos deontológicos, em que o traço distintivo da ética pública, mau grado outros enquadramentos, naturalmente inferíveis de outros pontos de partida possíveis, consista em uma regulação normativa (mas sem expressão legal), dos modos de relacionamento com a lei pública em geral.

Por outro lado, não reduzir o sentido da ética pública à prevenção da corrupção política nas suas múltiplas manifestações, longe de alhear o fenômeno da corrupção do cerne da preocupação ética, confere-lhe uma base de compreensão mais fundamental a partir da própria organização societária e do *design* estatal,

17. Em anos recentes, houve nas democracias liberais uma considerável discussão pública dessas matérias. A discussão tornou-se cada vez mais sofisticada e cada vez mais consciente de que temas de ética no serviço público não dizem apenas respeito a tópicos como o caráter impróprio do comportamento partidário por oficiais designados, ou ganho pessoal a partir de conhecimento oficial [...]. A discussão contemporânea presente aprecia que a ética no serviço público abarca muitos temas que foram suscitados em virtude da crescente complexidade da governança moderna [...] (Chapman, 1993, p. 2).

com crescente complexidade governativo-administrativa. Efetivamente, enquanto aspecto normativo do espaço público, a ética pública é promotora de confiança interpessoal nos relacionamentos públicos da sociedade, sejam políticos, administrativos ou econômicos. Nesse sentido, a ética pública vale como um "sistema imunológico" do espaço de interação comunitário.

Uma hipótese de correlação entre ética pública e Estado resulta de simples análise conceitual: quanto maior for o aparelho de Estado de um país e maior for seu poder de intervenção, pelas políticas públicas, sobre a vida econômica e da sociedade civil em geral, mais evidente se torna a necessidade de uma ética pública. A justificação para a correlação é estabelecida em termos analíticos: quantos maiores os poderes em jogo, maiores os procedimentos, proporcionados por uma ética pública, de controle e regulação do seu exercício. Porém, e paradoxalmente, pelo menos no contexto europeu, essa evidência não se afigura refletida em efetivas concretizações bem-sucedidas da prática de uma ética pública, seja no plano das leis reguladoras dos poderes políticos, seja no plano de controle dos procedimentos dos poderes funcionais ou das práticas dos poderes fáticos. E não se reflete de forma estruturalmente evidente precisamente em boa parte dos países europeus que são, ou foram, no passado recente, fortemente estatizados, sejam os da orla mediterrânea, sejam os do antigo bloco de leste, todos com um desempenho relativamente medíocre no controle da corrupção.

Uma cultura política de ética pública manifesta-se fortemente implantada na esfera anglófona – Estados Unidos e Canadá, bem como Austrália e Nova Zelândia, além do próprio Reino Unido – e seus países têm por apanágio dizerem-se territórios onde o papel do Estado tem sido genericamente mais limitado, pelo menos em termos comparativos e diante da correntes mais afirmativas da presença do Estado no cotidiano dos indivíduos, das famílias e das organizações.

O paradoxo não é, todavia, difícil de ser compreendido com base no reconhecimento de uma segunda evidência, de sinal contrário à primeira: o mesmo Estado cujo poder inflacionado requer maior transparência e regulação independente beneficia, em virtude desse mesmo poder, uma cultura paternalista implantada, pela qual vem a posicionar-se, de fato, como legitimidade inescrutável diante de uma sociedade civil menorizada. O resultado da interação entre as duas tendências não é se anularem, como no caso de uma soma; pelo contrário, funcionam como duas forças que colocam sob forte tensão as instituições políticas e seus agentes, suscitando tendências de distanciamento e de desconfiança perante as instituições públicas.

Ética pública e o tema da corrupção

Há um forte consenso de que uma cultura política de ética pública oferece um ambiente menos propício à propagação da corrupção, nas suas múltiplas manifestações, no quadro do relacionamento com representantes ou agentes de instituições públicas.[18] A ideia de um ambiente agreste à corrupção visa menos estabelecer procedimentos de controle, fiscalização e punição da corrupção, mas, a montante de quaisquer práticas da corrupção, torná-las de início, ou seja, culturalmente, menos convidativas.

Na verdade, desenham-se aqui duas grandes estratégias de combate à corrupção, com diferentes protagonistas – em uma, fortemente protagonizada pelo Estado, por meio de seus organismos competentes, o combate à corrupção tende a configurar-se nos termos de políticas que onerem a prática da corrupção a ponto de neutralizar o benefício econômico que se pudesse esperar desta, políticas de reforço da transparência e *accountability*[19] dos canais públicos, simplificação burocrática dos atos administrativos, controle recíproco das instituições públicas, medidas consubstanciadas em legislação adequada, sobretudo para os âmbitos de relacionamento social mais suscep-

18. A corrupção pode ser contida dentro de limites aceitáveis por meio de vontade política, *ethos* democrático, contrapoder fragmentado, normas administrativas legais-racionais, doutrinação de honestidade e integridade pessoais, e efetivo reforço da ética pública – embora sua completa eliminação permaneça para lá da capacidade humana (Caiden, 1988, p. 6).
19. Em termos gerais, refere-se à prestação de contas, responsabilização. [N.E.]

tíveis à corrupção (fiscalidade, licenciamentos públicos, concursos públicos etc.);[20] noutra, protagonizada sobretudo pela sociedade civil, o combate à corrupção configura-se nos termos de uma forte cultura de dissuasão das práticas lesivas do interesse comum, o que passa por uma aposta, a que o Estado pode ainda corresponder por meio de suas políticas para a formação cívica e o desenvolvimento da consciência cidadã, com valorização da causa pública e da virtude cívica.[21]

É sabido que a recusa ética de uma naturalidade da corrupção tem nos países protestantes um fundamento histórico de natureza moral e religiosa que faz da cultura política de ética pública um traço quase identitário, eventualmente com prejuízo de outros que tem cabido aos investigadores da cultura escrutinar. Mas a mesma recusa ética de naturalização da corrupção pode fundamentar-se ainda na tradição republicana, no sentido que Hannah Arendt resumiu esplendidamente nas seguintes palavras: "Na política o que está em jogo, não é a vida, mas o mundo" (2006, p. 168). Isso exprime uma desvinculação da ação, enquanto aparição do cidadão no espaço livre da *polis* para atender ao cuidado pelo mundo, diante da ordem dos interesses mobilizados pela vida, seja enquanto simples sobrevivência e segurança de cada pessoa, seja enquanto vida econômica de pessoas, famílias, grupos. Assumindo tal alheamento diante do econômico como condição da própria possibilidade do político – aliás, para Arendt, mesmo a ideia de uma "economia política" constituiria uma contradição nos termos –, então torna-se claro quanto o tema da corrupção diz respeito ao cerne do fenômeno do político. É sobre as formas éticas de apaziguamento da contradição entre economia e política, virtudes que salvaguardam esta, mau grado o contato com

20. Para uma boa síntese dos contributos possíveis das instituições políticas para o combate à corrupção, cf. Avritzer et al., 2008, p. 366-7.

21. Embora só a médio prazo se traduzam em resultados palpáveis, as estratégias assentes na formação cívica tendem a conseguir resultados fortemente consolidados, com transformações efetivas ao nível das consciências e dos comportamentos dos agentes no espaço público. Por exemplo, são hoje notórios os progressos obtidos, especialmente junto às gerações mais jovens, após as campanhas de formação cívica ligadas à prevenção rodoviária, designadamente ao uso do cinto de segurança, ou ainda as campanhas relacionadas com a importância da reciclagem do lixo e não poluição do ambiente.

aquela, que a corrupção vai agir expondo a contradição à erosão, com sacrifício do espaço público.[22]

Sob a fundamentação arendtiana, só deixando escapar o essencial se pode levar a cabo uma redução econômica do fenômeno da corrupção. Por exemplo, as análises do fenômeno da corrupção considerando-se avaliações de custo-benefício tendem a salientar ganhos de agilização nas relações com a administração pública. Esse tipo de abordagem pode até, ainda que com alguma falibilidade, atender a ganhos sociais, por vezes humanitários, valorizando-os a par dos ganhos estritamente econômicos.[23] Sendo flagrantes os obstáculos, mesmo de ordem ética, ao estabelecimento de uma medida quantificável para os termos a contabilizar nas avaliações custo-benefício, a objeção central não estará, porém, tanto aí quanto na oposição de princípio, e, portanto, não da ordem do mensurável, entre corrupção e política, objeção válida mesmo fora do quadro de uma fundamentação que relevasse do plano da moralidade. A admissão da corrupção, independentemente de ganhos que pudesse proporcionar e assim justificá-la, implica a rejeição da *Lebenswelt* que subjaz às duplicidades privado/público e interesse/causa, rejeição do compromisso vivencial que suporta o espaço público, pelo menos a partir de suas representações de aparência republicana.[24]

Em síntese, a ideia de uma ética pública, concebida seja como ética da lei pública seja como ética para o espaço público, concretiza-se em realidade interpessoal

22. Leonardo Avritzer explicita claramente no pensamento de Hannah Arendt a ideia de uma corrupção do próprio espaço público: "Para Hannah Arendt, a corrupção do público se dá pela substituição da ação pela fabricação. A fabricação, ao adentrar o espaço da política, corrompe uma das principais características do espaço público, qual seja, a condição humana da pluralidade" (Avritzer et al., 2008, p. 136).

23. As perdas envolvidas em um ato de corrupção, mesmo as de ordem simbólica, podem ser comparativamente tão baixas diante do ganho humanitário proporcionado a uma população extremamente carenciada que se torne justificável, até moralmente (pelo menos sob perspectivas assentes no princípio da utilidade), praticá-lo.

24. O pensamento político moderno, desde Montesquieu, e prosseguido pelos contratualistas modernos, tendeu a deslocar a base de consideração teórica da virtude cívica para os interesses, do que resulta um enquadramento da corrupção sobre um paradigma de eficiência econômica, claramente antagônico, portanto, do paradigma assente na preservação do espaço público. Para estudo desenvolvido sobre o tópico cf. Filgueiras, 2008, p. 67-81.

efetiva por meio da duplicidade entre uma estratégia de revisão de procedimentos e práticas formalizáveis, por um lado, e uma estratégia formadora das vivências que emanam da *Lebenswelt* que estrutura a cultura política da comunidade, por outro.

Ética e política

A ênfase posta na ética pública como capacidade regeneradora do espaço público, em contraste com o efeito degenerativo que as práticas de corrupção causam ao mesmo espaço, suscita questionamentos sobre a natureza das relações que se estabelecem entre ética e política. Max Weber propunha esse tipo de questões de maneira francamente problematizadora:

> Qual é, então, a verdadeira relação entre *ética* e *política*? Nada têm a ver uma com a outra, como por vezes se afirma? Ou é certo, pelo contrário, que a "mesma" ética vale para a ação política e para qualquer outra atividade? Pensou-se, por vezes, que estas duas afirmações são mutuamente exclusivas; ou uma ou outra é correta. Mas será, porventura, verdade que existe alguma ética que possa impor normas de conteúdo *idêntico* às relações eróticas, comerciais, familiares e profissionais, às relações com a esposa, com a mulher da hortaliça, com o filho, com o concorrente, com o amigo ou o acusado? Deveria, de fato, ser indiferente para as exigências éticas feitas à política que esta recorra a um meio muito específico, o poder, por detrás do qual se encontra a *violência* (2005, p. 104).

O testemunho mais evidente da vinculação ética do poder político reside no fato de que nenhum regime político, por mais autocrático que seja, se dispensa da tarefa de sua legitimidade. Não há tirano que não tenha a preocupação de articular uma resposta à pergunta: "Por que você governa, e não outro qualquer?". Mesmo a mais gritante arbitrariedade pressupõe algum tipo de justificação e esta, tratando-se de ações e escolhas humanas, é sempre interpretável como uma justificação ética.

Uma segunda dimensão que atesta, desde o começo, a vinculação entre política e ética está na possibilidade de conflito entre as leis da cidade e os valores morais mais profundos. Antígona e Creonte terão sido os protagonistas precoces de um inconformismo moral perante o poder, e que lhe exige a conformação da legalidade à legitimidade. De uma forma ou de outra, sejam as leis dos deuses gregos, sejam os mandamentos bíblicos, seja uma Lei Natural iluminista, seja o regime de direitos que decorre da Declaração Universal dos Direitos Humanos atualmente em vigor, a possibilidade do político aparece balizada por mínimos morais, cujo desrespeito autoriza a rebelião.

De um ponto de vista histórico, o envolvimento crescente das populações, incontornável a partir da generalização dos meios de comunicação, primeiro com o advento da letra impressa, com o rádio e a televisão mais tarde, formando uma opinião pública capaz de influenciar e reagir à orientação dos acontecimentos da vida política das sociedades, traduziu-se por um regresso ou retorno mais ou menos difuso nos séculos XVIII e XIX, mas incontornável no século XX, da ética, dos valores morais, das ideias de decadência e de crise ao cerne da discussão política.[25]

Mais recentemente, o retrocesso das ideologias propulsionado pelo fim dos grandes blocos, primeiro o comunista, "do Leste", depois, de maneira mais difusa, também o arranjo dicotômico Ocidente *versus* Oriente, recompôs a intervenção na esfera política nos termos de um aparente retorno da ética. De certo modo, as fórmulas ideologicamente apuradas de disputa política viram-se caducadas, até por redundância do discurso ideológico e da propaganda, e, assim, tendencialmente substituídas por fórmulas menos codificadas, mas que, por essa mesma razão, se articulavam e se exprimiam de maneira mais genuína e mais próxima da linguagem comum.[26]

25. O caso Dreyfus terá sido talvez o primeiro grande *affaire* movido pela opinião pública considerando-se a comunicação moderna, justamente em função de uma indignação que não poderia ser contida na estrita esfera da racionalidade política. A indignação de ordem moral, relacionada aqui com a perseguição antissemita, desenvolveu-se combativamente por meio da intervenção de intelectuais nos jornais.

26. Uma formulação clara da viragem para a linguagem ética em detrimento da linguagem ideológica é dada por Sarsfield Cabral: "Ultrapassado o grande confronto ideológico das últimas décadas, que de alguma forma cristalizou e rigidificou posições, o debate ético-político torna-se hoje mais fragmentado, mais imprevisível, mais vivo, em suma. Já não é possível deduzir respostas diretamente de sistemas elaborados – agora é necessário 'inventá-las'. E não se chega lá sem reforço do debate ético público" (Alves, 1998, p. 287).

No entanto, a mesma tendência para a desideologização da vida política pode não ser tão efetiva quanto aparenta, pois há também sinais que justificam a ideia de uma ideologização da ética, aliás, em dois sentidos distintos: ou por simples absorção pelo discurso ideológico preexistente de marcas de discurso ético, em um esforço de adaptação ao "gosto" moralizante, por vezes com base em quadrantes políticos populares; ou por uma mimetização da função ideológica por protagonistas oriundos de âmbitos morais não políticos, se não mesmo avessos à política, mas que comparecem na arena política, a partir da sociedade civil, motivados por imperativos morais ou de consciência. De uma forma ou de outra, é alimentada a impressão, pelo menos em certas circunstâncias, de que só há verdadeiro debate político quando ele se debruça sobre questões éticas, com o risco de banalização da discussão de ordem moral – até mesmo debates políticos aparentemente distantes da esfera de considerações morais tendem a ser apresentados como se sua solução estivesse, de algum modo, ligada àquela esfera.

A saliência da ética como aspecto cada vez mais substancial do discurso político é reconhecível nos usos da expressão *ética política*, que pode declinar-se como *ética da política* ou, diversamente, como *política da ética*. No primeiro caso, pode estar em causa a percepção da exigibilidade de regras para a atividade política, além das que decorrem de sua regulamentação legal, o que pode caber, pelo menos parcialmente, no entendimento que temos adotado de ética pública. Eventualmente, poderia inscrever-se nesse tipo de preocupação o esforço para comprometer a classe política com um "código de conduta", bem como sua conformação a um grau cada vez mais exigente de conduta da parte dos oficiais públicos. Há, contudo, na circunscrição da ética pública a uma ética da política ou mesmo dos políticos uma possibilidade de estigma que não deixa de ser problemática no que diz respeito à atividade política e à classe política. Com efeito, a desacreditação da classe política tende a conduzir a um empobrecimento da qualidade de seus protagonistas e, consequentemente, a uma degradação das práticas cívicas a troco de moralismos e integrismos facilmente corruptíveis.

No caso de uma *política da ética*, os perigos mais evidentes prendem-se com a possibilidade de instrumentalização do discurso ético, tornando a ética conteúdo de mensagem e de combate políticos, como quando se entra na cena política por alegada convicção ética. Em qualquer uma dessas acepções de ética política, e também no quadro mais vasto de uma ética pública, há riscos que decorrem da tensão entre política e ética e das possibilidades de ambivalência que entre elas facilmente se proporcionam. Foi, aliás, a essa ambivalência dos "políticos da convicção" que Max Weber se mostrou particularmente sensível quando propôs a distinção entre as éticas da responsabilidade e da convicção para caracterizar o ofício da política como uma vocação.

> Há uma só coisa a dizer: quando nestes termos de excitação, segundo julgais, *não* "estéril" - mas a excitação não é essencialmente ou sempre uma paixão genuína - *de repente* irrompem em massa os políticos da convicção, com o mote - "O mundo é estúpido e abjecto, não eu; a responsabilidade pelas consequências não me cabe a mim, mas aos outros para quem trabalho e cuja estupidez ou abjecção extirparei" - digo às claras que, primeiro, perscruto a medida da *solidez interior* que está por detrás desta ética da convicção; e tenho a impressão de que em nove de cada dez casos deparo com odres cheios de ar e vento, que não sentem realmente o que assumem (Weber, 2005, p. 113-14).

Referências bibliográficas

Abramo, Cláudio Weber. "Percepções pantanosas. A dificuldade de medir a corrupção". *Novos Estudos*, n. 73, nov. 2005.

Alves, João Lopes (org.). *Ética e o futuro da democracia.* Lisboa: Edições Colibri, 1998.

Arendt, Hannah. *Entre o passado e o futuro.* Lisboa: Relógio d'Água, 2006.

Avritzer, Leonardo et al. (org.). *Corrupção. Ensaios e críticas.* Belo Horizonte: Editora da UFMG, 2008.

Beauchamp, Tom. “The Nature of Applied Ethics”. In: Gillespie Frey, Raymond; Wellman, Christopher Heath (org.). *A Companion to Applied Ethics*. Cambridge (MA): Blackwell Publishing, 2005.

Breiner, Peter. “Political Ethics and the Fear of Mass Politics”. In: *Max Weber & Democratic Politics*. Nova York: Cornell University Press, 1996.

Caiden, Gerald. “Toward a General Theory of Official Corruption”. *Asian Journal of Public Administration*, v. 10, n. 1, jun. 1988.

Chapman, Richard. *Ethics in Public Service*. Edimburgh: Edimburgh University Press, 1993.

Constant, Benjamin; Kant, Immanuel. *Le Droit de Mentir – Recueil*. Paris: Editions Mille et Une Nuits, 2003.

Cortina, Adela. “Etica y Política: Moral Cívica para Una Ciudadanía Cosmopolita”. *Endoxa: Series Filosóficas*, n. 12, Madrid, Uned, 2000.

___. *Covenant and Contract Politics, Ethics And Religion*. Leuven, Belgium: Peeters, 2001.

Filgueiras, Fernando. *Corrupção, Democracia e Legitimidade*. Belo Horizonte: Editora da UFMG, 2008.

Queiroz, Eça; Ortigão, Ramalho. *As Farpas – Crónica mensal da política, das letras e dos costumes*. Cascais: Principia, 2004.

Swedberg, Richard; Agevall, Ola. *The Max Weber Dictionary: Key Words and Central Concepts*. Stanford Ca: Stanford University Press, 2005.

Weber, Max. “A política como vocação”. In: ___. *Três tipos de poder e outros escritos*. Lisboa: Tribuna da História, 2005.

O financiamento político e a corrupção no Brasil

Bruno Wilhelm Speck[1]

Introdução

No debate público no Brasil, a questão do financiamento político está umbilicalmente vinculada à discussão sobre a corrupção. O escândalo Collor-PC, que terminou com o *impeachment* do presidente Fernando Collor de Mello, em 1992, catapultou o tema para o topo da agenda política do país. No decorrer das investigações da CPI na Câmara dos Deputados evidenciou-se o papel central do empresário Paulo César Farias, ex-coordenador financeiro da campanha eleitoral de Collor em 1989, em diferentes esquemas de corrupção envolvendo tráfico de influência, suborno e troca de favores, que se desenvolveram em estreito contato com a presidência da República. O escândalo Collor-PC revelou que as empresas tinham se tornado a principal fonte de financiamento das disputas eleitorais durante os anos 1980, não obstante uma legislação que explicitamente proibia doações de empresas. A arrecadação ilegal de recursos de campanha de empresas teve continuidade na arrecadação de subornos em troca de contratos com o governo. Desde o escândalo Collor-PC, muitos outros envolveram de um lado o financiamento de campanhas e, do outro, fornecedores de obras e serviços ao governo.

O presente artigo retrata na primeira parte brevemente as linhas básicas da legislação sobre o financiamento, apresentando o perfil do financiamento político

1. Professor da Unicamp. Doutor em Ciência Política pela Universidade de Freiburg na Alemanha. Foi assessor sênior da Transparency International na América Latina.

no Brasil, com base em dados oficiais. Na segunda parte, discutimos a relação específica entre financiamento político e corrupção, analisando conceitualmente os paralelismos e as diferenças entre a corrupção com fins privados e fins políticos. Na parte final, abordamos a questão normativa da reforma política. Quais seriam as estratégias capazes de atacar o vínculo entre financiamento político e corrupção no Brasil?

1. O financiamento da política no Brasil

Antecedentes

O financiamento político é assunto central tanto para democracias emergentes quanto para países com longa tradição democrática. A questão dos recursos para custear partidos políticos e campanhas eleitorais somente se torna relevante quando eleições decidem sobre a alocação do poder político, quando a disputa por esse poder passa pela competição entre vários partidos políticos e quando eleitores dispõem de liberdade para efetuar uma escolha entre várias alternativas. Recursos de campanha só se fazem necessários se há partidários e simpatizantes a serem mobilizados e cidadãos convertidos em eleitores com programas, promessas ou benefícios.

Do contrário, em um sistema político em que a eleição confirma acordos prévios entre membros de uma pequena elite política, a necessidade de financiamento é limitada. Os processos eleitorais no Brasil do Império (1822-1889) e da República Velha (1989-1930) enquadram-se nessa categoria, e nela o sistema representativo cumpre função meramente simbólica. Mais do que um campo de batalha, com ganhadores e perdedores, o processo eleitoral nesse contexto constituiu um ritual de consagração de escolhas previamente acordadas. Os eleitores eram objeto de uma mobilização orquestrada por integrantes da elite. O retrato caricatural das eleições na literatura, como na figura do Jeca Tatu, de Monteiro Lobato, e os protestos sociais contra a manipulação das eleições que tiveram expressão no tenentismo confirmam a realidade.

O processo de industrialização e urbanização libertou os eleitores dos currais eleitorais e os expôs aos modernos meios de comunicação e à mobilização de massa. A partir dos anos 1950, os recursos mobilizados para tocar campanhas na rua ganharam importância na política nacional. No final da República Populista (1945-1964), os partidos levaram a disputa eleitoral para as ruas, investindo em campanhas de mobilização na época das eleições. Nesse momento de profissionalização, a questão do levantamento de recursos para o financiamento das campanhas tornou-se um assunto importante. O primeiro escândalo no Brasil vinculando o financiamento de campanhas ao conceito da corrupção data justamente dessa época.[2] No clima da guerra fria, a estratégia da ala *anticomunista* da política era conter as políticas reformistas do governo de Goulart. A bancada da oposição foi acusada de financiar as campanhas de 1962 com recursos provenientes do exterior, um tema explosivo no contexto da retórica *anti-imperialista* dominante.

Durante a República Populista (1945-1964), as primeiras regras a respeito dos recursos dos partidos políticos foram introduzidas. No entanto, a regulação era tímida. A primeira lei de partidos políticos (1950) limitava-se à exigência de que os próprios partidos estabelecessem tetos para os gastos em campanhas eleitorais. Uma iniciativa de regulação mais séria viria com o advento do rádio. Para evitar o risco da censura privada, a lei obrigava os donos das estações a comercializar o espaço publicitário a todos os partidos e a aplicar os mesmos preços.

Com o governo militar (1964-1985), vieram a abolição da eleição direta para presidente, governantes e prefeitos das cidades mais importantes, a limitação da liberdade de associação na forma do bipartidarismo forçado e a redução do papel do Legislativo, ainda eleito com voto popular. O Congresso e as Assembleias Legislativas nos estados tiveram poderes reduzidos e consequentemente a importância das eleições diminuiu. Voltando à situação anterior à da República Populista, as eleições legitimaram a distribuição do poder político, que era decidida em outro âmbito. Os eleitores eram livres, mas suas escolhas tinham relevância

2. O caso Ibad foi investigado por uma CPI e está amplamente documentado em dois livros: Dreifuss, René Armand. *1964: a conquista do Estado – ação política, poder e golpe de classe*. Petrópolis: Vozes, 1981, e em Dutra, Eloy. *Ibad: sigla da corrupção*. Rio de Janeiro: Civilização Brasileira, 1963.

limitada. Quando o avanço da oposição se manifestou lentamente nas eleições, a resposta foi a manipulação das regras da disputa eleitoral.[3] Durante a ditadura militar no Brasil, as eleições, embora importantes do ponto de vista da continuidade institucional do regime, não estavam no centro do sistema político. A disputa pela distribuição do poder foi retirada do processo eleitoral, resguardando-a das imprevisibilidades das urnas.

Mesmo com essa função limitada das eleições, o governo militar aplicou regras mais densas para o financiamento de partidos. Em 1971, proibia doações de empresas aos partidos políticos e, em 1974, vetou que partidos e candidatos comprassem espaço publicitário no rádio ou na TV. Os partidos contariam somente com o espaço gratuito que as emissoras de rádio e TV eram obrigadas a disponibilizar durante a campanha eleitoral. Como nos outros assuntos, o governo pretendia manter uma fachada de pluralismo e competição sem correr o risco de surpresas na campanha eleitoral e nas urnas.

Escândalos e novas regras

Com o retorno do multipartidarismo (1979) e das eleições diretas para os governos estaduais (1982), as prefeituras das maiores cidades (1985) e para a presidência (1989), a disputa eleitoral ganhou peso no jogo político. Finalmente, com a Constituição de 1988 e a reforma das constituições estaduais, o Poder Legislativo reconquistou espaço no sistema político brasileiro, tornando-se peça-chave tanto na produção de leis como na alocação de recursos orçamentários. Nesse contexto de competição política mais aberta e de processo eleitoral mais relevante para a alocação de poder político, os recursos injetados nas disputas eleitorais cresceram exponencialmente, deixando perplexos os observadores dessa nova face da política de massa. A despeito da proibição formal do financiamento empresarial, os recursos para cobrir os gastos crescentes nas campanhas eram provenientes do

3. Por exemplo, o "Pacote de Abril", em 1977, composto por intervenções aprovadas imediatamente antes do processo eleitoral.

setor privado – de fato o único ator capaz de suprir a demanda dos candidatos e partidos políticos por recursos para custear as campanhas.

Em função do escândalo Collor-PC, citado anteriormente – e outros subsequentes como o caso Paubrasil (2003), envolvendo o financiamento da campanha para governador de Paulo Maluf –, o debate no país voltou-se para a busca de um novo modelo de financiamento. A partir de 1993, o Congresso aprovou várias mudanças substanciais na formatação do financiamento de partidos e eleições que finalmente foram consolidadas na nova lei dos partidos políticos (1995) e na lei eleitoral (1997). A regulação do financiamento político que resultou dessas reformas está em vigor até hoje. Comparado com as regras anteriores, o novo modelo de financiamento apresenta pontos de continuidade e de inovação.

Liberação de doações do setor privado

Reagindo aos escândalos citados, o legislador brasileiro modificou radicalmente as regras de financiamento para doações do setor privado, liberando doações políticas por empresas privadas. Algumas limitações preexistentes, pontuais a pessoas jurídicas, foram mantidas. Assim, o legislador manteve os vetos a sindicatos e organizações representando o setor privado, bem como a entidades estrangeiras e empresas que dependem de licenças ou permissões do Estado ou recebem recursos do Poder Público. Posteriormente, seriam proibidas doações por entidades beneficentes e religiosas, de utilidade pública, esportivas que recebam recursos públicos, entre outros. A marca importante, no entanto, é o abandono da proibição de doações empresariais. A liberação das doações de empresas pelo legislador foi ampla, por não introduzir nenhum teto absoluto para as contribuições do setor privado para o processo eleitoral em geral, nem para as doações para candidatos específicos.[4]

4. A lei eleitoral (1997) vinculou as doações privadas ao poder econômico dos doadores, estabelecendo que as pessoas físicas podem doar um valor até 10% do rendimento declarado à Receita Federal no ano anterior. Para as empresas, o valor máximo de doações em uma campanha corresponde a 2% do faturamento do ano anterior. Ambas as regras não igualam os doadores. Muito pelo contrário, torna-os, por lei, desiguais.

Gastos ilimitados, mas veto a publicidade paga em rádio e TV

Quanto ao limite de gastos para os candidatos, não houve modificações significativas. O legislador não estabeleceu um teto para os gastos em campanha, medida que tornaria a competição eleitoral mais equitativa. Os parlamentares deram continuidade a um sistema de autorregulação herdado do passado, em que os próprios partidos definiriam tetos para as campanhas de seus candidatos. Em relação aos recursos privados, não há nenhum mecanismo tornando as campanhas equilibradas em função dos recursos disponíveis.

A regra mais importante, que limita os gastos indiretamente, foi herdada do governo militar. A proibição de compra de espaço publicitário no rádio e na TV (em combinação com o horário eleitoral gratuito) continuaria em vigor. Com a regra, a propaganda nos meios eletrônicos de comunicação, que representa um dos itens mais caros das campanhas em outros países, foi retirada do mercado e colocada sob tutela da regulação pública. Concluímos que apesar das reformas abrangentes do sistema de financiamento da política, em relação ao quesito de igualdade da competição eleitoral, não houve grandes inovações nos anos 1990.

Subsídios públicos diretos e indiretos a partidos e indiretos a campanhas eleitorais

O apoio aos partidos pelo horário eleitoral gratuito foi mantido. Passando por modificações no que diz respeito ao tempo total de propaganda e distribuição entre partidos, o horário eleitoral gratuito se tornaria um dos principais recursos de propaganda para os partidos e candidatos.[5]

Adicionalmente a esse financiamento indireto, a partir de 1995 os partidos políticos começaram a receber recursos significativos do Estado. Por meio de um fundo partidário distribuído anualmente entre as diferentes legendas, os diretórios nacionais dos partidos receberiam recursos para custear parte da es-

5. Para detalhes da regulação, ver: Campos, Mauro Macedo. *Democracia, partidos e eleições: os custos do sistema partidário-eleitoral no Brasil*. Tese de Doutorado. UFMG, 2009.

trutura partidária. Formalmente, o fundo tinha sido instalado anos antes, mas somente então recebeu recursos consideráveis, na ordem de 0,35 real por eleitor, sujeitos a ajuste inflacionário. O fundo partidário garantiria aos partidos políticos financiamento público suficiente para custear parte significativa dos gastos anuais dos diretórios nacionais. Os partidos continuariam completando esses recursos estatais com contribuições de filiados e doações privadas de empresas e indivíduos.

Em contraste, as eleições continuariam sendo financiadas principalmente com recursos privados, provenientes de pessoas e empresas, complementadas em menor parte com recursos próprios dos candidatos e dos partidos políticos. Não há subsídios públicos diretos previstos para financiar as campanhas eleitorais. O uso do fundo partidário em eleições não é vedado formalmente por lei, mas o volume dos recursos o torna de pouca relevância na disputa eleitoral. Por outro lado, o horário eleitoral gratuito representa um aporte indireto significativo para as campanhas eleitorais, tendo papel decisivo como recurso de campanha para os diferentes competidores.

A transparência e a fiscalização do financiamento político

A última mudança refere-se à prestação de contas e à divulgação pública de dados de financiamento. Antes do período de reformas nos anos 1990, os partidos prestavam contas de forma sumária sobre suas finanças. Ademais, a informação ficava limitada à justiça eleitoral. O acesso público não estava previsto em lei. As mudanças introduzidas pelo legislador durante os anos 1990 e sua regulamentação pelo Tribunal Superior Eleitoral (TSE) mudariam radicalmente o quadro. Com as novas regras, tanto os partidos como os candidatos deveriam prestar contas sobre sua contabilidade anual e eleitoral. A nova legislação recebeu um aperfeiçoamento significativo com as sucessivas regulações pelo TSE, que padronizou e informatizou as prestações de contas, permitindo maior agilidade na fiscalização e maior acesso público às informações. Desde 2002, há registros eletrônicos completos e publicamente acessíveis sobre doações e gastos nas eleições.

Essas informações têm sido usadas tanto pelos órgãos públicos de fiscalização como pela mídia e organizações sociais empenhados na fiscalização das contas eleitorais.

Há suspeitas de uma contabilidade oculta que não entraria nas prestações de contas, popularmente conhecidas como "caixa dois". É difícil avaliar o volume de movimentações não declaradas. Por outro lado, o volume conhecido de recursos movimentados em campanhas (que inclui vários bilhões de reais em cada eleição) fornece informações importantes sobre o padrão do financiamento de campanhas no Brasil. Extraímos de fontes oficiais as informações apresentadas a seguir. Em contraste com as prestações de contas sobre as eleições, os dados sobre as contas dos partidos políticos estão disponíveis em formato impresso somente, apresentando um padrão inferior de estandardização.

Um retrato do financiamento hoje

A competição política no Brasil é excessivamente cara? A resposta a essa pergunta simples é difícil. Por um lado, por colocar problemas metodológicos a respeito da mensuração do volume de financiamento, por outro, devido ao caráter normativo da pergunta. Em primeiro lugar, vamos nos dedicar à avaliação do volume total do financiamento político no Brasil, hoje. O exercício começa com uma definição do que constitui o financiamento político para, em seguida, propor uma estimativa dos valores envolvidos.

Na definição mais simples, o financiamento político abrange todos os recursos mobilizados por partidos políticos e candidatos durante e fora das campanhas eleitorais. Trata-se, portanto, do financiamento da competição política. Algumas especificações se fazem necessárias. Recursos são recursos financeiros em primeiro lugar. Porém, tanto analistas como legisladores concordam que, em determinados casos, os recursos não monetários devem ser igualmente contabilizados, para evitar distorções nas estimativas e manipulações na prestação de contas. De fato, para os partidos e candidatos, receber um carro emprestado para uso na campanha, pagar um preço abaixo do mercado para determinado serviço ou ter acesso gratuito ao espaço publicitário na televisão, com algumas limitações, corresponde a uma doação no valor correspondente. Por outro lado, a dedicação de tempo e engajamento dos ativistas políticos que trabalham gratuitamente para um partido ou candidato fica geralmente excluída da definição de doações contabilizadas.

Um dos desafios na identificação dos recursos mobilizados na competição política refere-se a recursos gastos por outros atores. Especialmente em países onde a legislação limita os fluxos financeiros mobilizados pelos candidatos, o processo político pode ser influenciado por terceiros que não são nem candidatos nem partidos políticos. Nos Estados Unidos, parte considerável dos recursos na disputa eleitoral é mobilizada por entidades não diretamente vinculadas ao processo eleitoral. As questões de delimitação e definição do financiamento político são importantes quando comparamos o financiamento das campanhas entre vários países. No caso brasileiro, a legislação brasileira prevê inclusão de bens e serviços doados a campanhas na prestação de contas por meio de uma estimativa do seu valor em dinheiro.[6] O financiamento de campanhas por eleitores, sem registro pelas autoridades eleitorais e sem vínculo com o candidato, é limitado a um valor fixo baixo. Na realidade, o financiamento independente não tem papel significativo na disputa por votos no Brasil.

Dentro dessa definição legal, qual seria o volume total do financiamento político no Brasil, atualmente? O modelo de financiamento político em vigor no Brasil prevê o financiamento de *partidos políticos* a partir das seguintes fontes: as contribuições dos filiados dos partidos, com valores diferenciados para ocupantes de cargos públicos comissionados; as doações de pessoas físicas e de pessoas jurídicas; os recursos gerados com atividades econômicas dos partidos; e os subsídios públicos diretos e indiretos. A gestão de recursos dentro do partido inclui também repasses de recursos entre os diferentes diretórios nacionais, estaduais e municipais. No caso do financiamento das *campanhas eleitorais*, as fontes de

6. Lei eleitoral 9.504/1997.

recursos permitidas incluem recursos próprios dos candidatos, doações de pessoas físicas e jurídicas, recursos provenientes de eventos de comercialização na campanha, recursos repassados pelos partidos políticos, e finalmente repasses de outras candidaturas.

Os recursos públicos para partidos e eleições

Como indicado anteriormente, o Estado financia diretamente, desde 1995, os partidos políticos, mas não as campanhas eleitorais. Os recursos alocados aos partidos somaram 200 milhões de reais anualmente, tomando como base a média de recursos alocados entre 1996-2005. Os recursos são rateados entre todos os partidos segundo uma combinação de dois critérios. A maior parte dos recursos (95%) é distribuída entre os partidos de acordo com seu sucesso eleitoral nas últimas eleições (porcentagem de votos nas últimas eleições para a Câmara dos Deputados), enquanto o restante (5%) é dividido de forma igual entre todos os partidos políticos (com registro definitivo no TSE).

Os recursos são transferidos aos diretórios nacionais dos partidos. A lei define que parte (20%) do total dos recursos do fundo partidário deverá ser alocada à formação de quadros partidários. O restante pode ser distribuído entre os diretórios nacionais, estaduais e municipais, no limite também em campanhas eleitorais. Os critérios de distribuição deverão ser definidos no estatuto de cada partido, que tem total liberdade para tal, desde que observada a reserva dos 20% para a formação de quadros. Os recursos públicos são uma fonte importante para os diretórios nacionais, responsáveis por aproximadamente 75% dos ingressos declarados dos partidos entre 1996 e 2005.

Adicionalmente ao fundo partidário, o Estado contribui com o financiamento das organizações partidárias e das campanhas eleitorais por meio do horário eleitoral gratuito no rádio e na TV. O apoio não monetário (bens, serviços, descontos) está disponível aos partidos políticos para fazer proselitismo partidário também, de forma mais maciça, em época de campanhas eleitorais. Durante o ano, os partidos grandes têm direito a 240 minutos de propaganda, os de tamanho médio, a 100 minutos, e os menores, a 4 minutos.[7] O sistema de distribuição baseia-se novamente no desempenho, criando diferentes classes de partidos.[8]

Durante as campanhas eleitorais, o tempo disponível para a propaganda gratuita em TV e rádio cresce significativamente. Nos 45 dias antes da eleição, todos os partidos juntos dispõem de 100 minutos diários, em dias alternados para os cargos legislativos e executivos. A distribuição do tempo gratuito segue uma mescla de critérios proporcionais e majoritários. A maior parte do tempo (dois terços) é alocada proporcionalmente ao sucesso eleitoral no passado (dessa vez, mediante o critério da proporção das vagas conquistadas na Câmara dos Deputados). O restante (um terço) do tempo é distribuído de forma igual entre todos os partidos que tiverem candidatos na eleição.

A importância desse recurso indireto evidencia-se com base em uma série de informações contextuais. Em primeiro lugar, o espaço de propaganda é um dos recursos mais importantes e ao mesmo tempo mais caros na sociedade, com alta penetração pelo rádio e pela TV. Em muitos países, os gastos com propaganda eleitoral na TV são o item mais caro nas campanhas. Em segundo lugar, a vigilância dos candidatos sobre o uso correto do horário eleitoral nas campanhas eleitorais e as representações na justiça eleitoral contra propaganda abusiva ilustra a importância do item para as campanhas. No caso brasileiro, a situação do espaço na TV e no rádio se agrava porque a legislação torna o horário gratuito o único recurso, não permitindo a compra de espaço adicional.

Uma estimativa do valor econômico do horário eleitoral gratuito corrobora as impressões acima. Caso os partidos tivessem de comprar a preços de mercado o tempo das divulgações gratuitas na TV e no rádio, teriam de desembolsar

7. Para mais detalhes sobre a alocação do horário gratuito a partidos e campanhas eleitorais ver Lei de partidos políticos 9.096/1995, Lei eleitoral 9.504/1997 e Campos, 2009.

8. A discriminação entre os partidos na alocação do horário gratuito sofreu alteração após questionamento de sua constitucionalidade perante o Supremo Tribunal Federal (Adin 1.351-3), julgada procedente em 29 de junho de 2007.

R$ 2,2 bilhões para a propaganda anual e R$ 4,5 bilhões para o horário eleitoral gratuito para eleições gerais (R$ 3 bilhões para eleições municipais).[9]

Há ainda outros benefícios públicos para os partidos, como a disponibilização de espaços públicos para a realização das convenções partidárias e a isenção de imposto de renda da atividade dos partidos. Esses benefícios são mais difíceis de serem avaliados.

Recursos privados para partidos e campanhas eleitorais

Tanto partidos políticos como campanhas eleitorais são financiados com recursos privados. Dispomos de informações mais completas em relação ao financiamento privado das eleições do que sobre as fontes privadas dos partidos. Para estas, a prestação de contas dos partidos no âmbito municipal está distribuída nos arquivos de milhares de cartórios eleitorais, dos diretórios estaduais dos partidos nos Tribunais Regionais Eleitorais e dos diretórios nacionais no TSE. Somente os dados sobre o âmbito nacional foram contabilizados pelos pesquisadores nos últimos anos.

A situação das prestações de contas sobre as eleições municipais, estaduais e nacionais é diferente. Ela é entregue em formato eletrônico e está disponível como banco de dados no *site* do TSE.[10] Esses são os dados nos quais nos baseamos, inclusive por representarem um volume muito maior de recursos do que os movimentados pelos partidos políticos, que administram em torno de R$ 800 milhões em um ciclo eleitoral de quatro anos (com somente 25% de recursos privados), enquanto os candidatos arrecadam R$ 5,7 bilhões em um ciclo de eleições municipais, estaduais e federais (exclusivamente privados).

O resumo das estimativas é compilado na tabela 1, que permite fazer algumas afirmações sobre o financiamento político no Brasil. Primeiro, fica evidente que os recursos alocados no processo eleitoral superam em muito o financiamento da

9. Para verificar o cálculo do valor estimado do horário gratuito ver Speck, Bruno Wilhelm. "Reagir a escândalos ou perseguir ideais? A regulação do financiamento político no Brasil". *Cadernos Adenauer*, ano 6, n. 2, 2005, p. 123-59. Os valores correspondem ao ano de 2009 e foram retirados de Campos, 2009.
10. Disponível em: <www.tse.jus.br/eleicoes/contas-eleitorais/prestacao-de-contas>. Acesso em: 09 out. 2012. [N. E.]

vida partidária. Segundo, o financiamento dos partidos desde 1995 é majoritariamente público, enquanto o financiamento das eleições é exclusivamente privado. Terceiro, o balanço muda se levarmos em conta o horário eleitoral gratuito como forma de financiamento público indireto, que é o recurso mais significativo em relação às outras fontes de financiamento.

Tabela 1: Custo da competição eleitoral 2006-2009*

	Recursos anuais de partidos políticos (valores em R$)			Recursos do financiamento de eleições (valores em R$)		
	Financiamento privado	Fundos públicos dos partidos	Mídia gratuita****	Financiamento privado*****	Fundos públicos de eleições	Mídia gratuita****
Âmbito nacional	42 milhões*	160 milhões***	~ 1,1 bilhão	1,4 bilhão	-	~ 2,2 bilhões*
Âmbito estadual	s/d**	-	~ 1,1 bilhão	1,5 bilhão	-	~ 2,2 bilhões*
Âmbito municipal	s/d**	-	-	2,8 bilhões	-	~ 3 bilhões*

Fonte: TSE e <www.asclaras.org.br>

* Anos 1999-2009, média sobre anos não eleitorais
** Levantamento ainda não disponível
*** Anos 1998-2009, média
**** Valores ano 2010. Fonte: Campos, 2010
***** Valores eleições 2008/2010.

Voltamos à pergunta inicial: A competição política no Brasil é excessivamente cara? É necessário relacionar o valor absoluto de R$ 5,7 bilhões ao tamanho da democracia brasileira. O eleitorado brasileiro e o número de cargos preenchidos influenciam o custo das campanhas. Ao relacionar o valor total de R$ 5,7 bilhões gastos em eleições no Brasil (nacionais, estaduais e municipais) aos 120 milhões de eleitores chegamos à média aproximada de R$ 6,80 por eleitor, por cargo. Esse é o montante de recursos que todos os candidatos juntos gastam por eleitor para convencê-lo da melhor escolha. Diante da importância dos cargos para a alocação de 37% das riquezas (do PIB) produzidas no país que passam pelo setor público, o valor não parece exagerado.

Nesse contexto, um exercício interessante é a comparação do custo da propaganda de partidos e eleições com os recursos mobilizados no setor comercial. Sob essa ótica, os valores mobilizados em campanhas políticas são modestos. Segundo as revistas especializadas, os maiores anunciantes no Brasil mobilizam recursos bem acima dos valores mobilizados por partidos e candidatos na propaganda política. Somente a rede Casas Bahia gasta mais de R$ 3 bilhões por ano em anúncios para vender seus produtos. Para quatro anos, correspondendo a

Tabela 2: Custo das campanhas: valor total gasto por todos os candidatos

		TODOS OS CANDIDATOS (VALORES EM R$)			CANDIDATOS ELEITOS (VALORES EM R$)		
		EXECUTIVO		LEGISLATIVO	EXECUTIVO		LEGISLATIVO
Âmbito nacional	Ano	Presidente	Senador	Dep. Federal	Presidente	Senador	Dep. Federal
	2010	222	316	860	117	210	550
	2006	138	88	417	76	37	258
	2002	s/d	71	191	s/d	43	115
Âmbito estadual	Ano	Governador	Dep. Estadual		Governador	Dep. Estadual	
	2010	621	882		355	437	
	2006	482	441		286	229	
	2002	178	215		113	105	
Âmbito municipal	Ano	Prefeito	Vereador		Prefeito	Vereador	
	2008	1.283	441		640	193	
	2004	907	379		472	125	

Fonte: TSE e <www.asclaras.org.br>

um ciclo eleitoral, isso representa o dobro de todos os recursos mobilizados por partidos políticos e campanhas eleitorais.

Outra comparação com o setor comercial baseia-se no cálculo do custo de anúncios de empresas no setor privado, que gira em torno de 10% do total do faturamento da empresa. No caso do setor público, o investimento em propaganda política é infinitamente menor, se compararmos o valor da propaganda eleitoral ao volume de recursos alocados pelo Estado, tomando como referência os recursos que passam pelo setor público. O volume do orçamento público nos três âmbitos federativos em 2009 foi de R$ 224 bilhões para os municípios, R$ 362 bilhões para

Tabela 3: Custo das campanhas: valor médio gasto pelos candidatos

		Todos os candidatos (valores em R$)			Candidatos eleitos (valores em R$)		
		Executivo		Legislativo	Executivo		Legislativo
Âmbito nacional	Ano	Presidente	Senador	Dep. Federal	Presidente	Senador	Dep. Federal
	2010	24.654	1.498	176	117.113	3.893	1.071
	2006	27.525	578	122	75.766	1.372	503
	2002	S/d	297	72	S/d	815	225
Âmbito estadual	Ano	Governador	Dep. Estadual		Governador	Dep. Estadual	
	2010	4.170	70		13.166	413	
	2006	3.095	55		10.589	216	
	2002	1.211	33		4.340	99	
Âmbito municipal	Ano	Prefeito	Vereador		Prefeito	Vereador	
	2008	85	1,3		115	3,7	
	2004	58	1,1		85	2,4	

Fonte: TSE e <www.asclaras.org.br>

os estados e R$ 1.331 bilhões para a União. Diante desses valores, o financiamento de campanhas eleitorais para selecionar os políticos responsáveis pela qualidade na alocação dos recursos aparece em outra perspectiva.[11]

Os dados disponíveis sobre as prestações de contas das campanhas eleitorais permitem análises mais detalhadas sobre os valores de financiamento das candidaturas individuais e a composição do financiamento. Conforme mostra a tabela 2, as diferentes campanhas no Brasil têm custos diferenciados. As campanhas majoritárias (para presidente, governador e senador) custam menos que as campanhas proporcionais (deputado estadual e federal), devido ao grande número de candidatos nestas últimas. Quando calculado o valor por candidato, a ordem se inverte (tabela 3).

Os recursos arrecadados pelos candidatos

A informação sobre o valor médio por candidato deve ser relativizada, porque o perfil de custo de campanhas varia entre os candidatos. A distribuição dos recursos não se aproxima de uma curva normal, com a maioria dos valores gravitando em torno de um valor médio, mas está inclinada para a esquerda. A maior parte dos candidatos gasta muito pouco na campanha e tem poucos votos. Um número menor de candidatos consegue levantar recursos significativos, mas somente poucos conseguem entrar na disputa eleitoral com recursos suficientes para disputar a eleição com chance razoável de sucesso. Os gráficos 1 e 2 ilustram essa distribuição inclinada para a esquerda para os candidatos a deputado estadual e federal, representando o grande número de candidatos sem recursos significativos. Somente após a transformação da escala dos valores para o logaritmo 10 é possível visualizar o número reduzido de candidatos com mais recursos. A transformação está representada nos gráficos 3 e 4.

---

11. Dados do Tesouro Nacional. Disponível em: <www.tesouro.fazenda.gov.br>. Acesso em: 09 out. 2012.

Gráfico 1: Distribuição de volume de recursos entre candidatos a deputado estadual (eleições 2010)

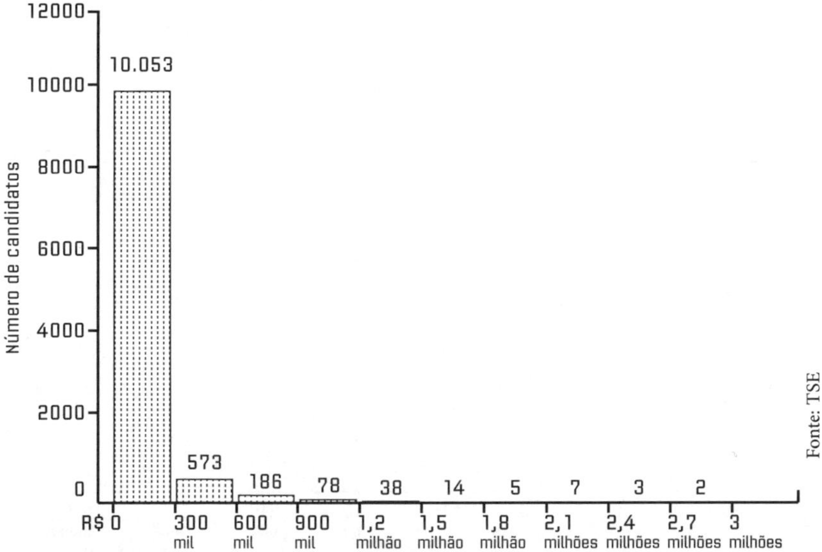

Gráfico 2: Distribuição de volume de recursos entre candidatos a deputado federal (eleições 2010)

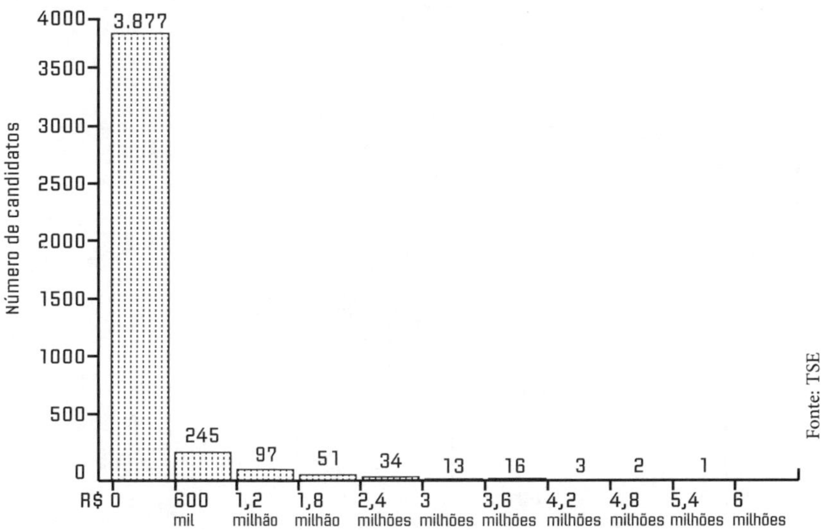

Gráfico 3: Distribuição de volume de recursos entre candidatos a deputado estadual em escala logarítmica (eleições 2010)

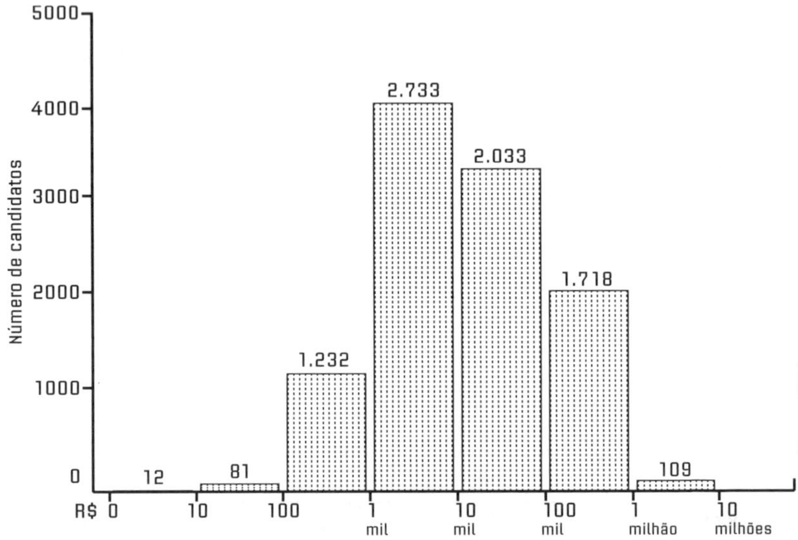

Fonte: TSE

Gráfico 4: Distribuição de volume de recursos entre candidatos a deputado federal em escala logarítmica (eleições 2010)

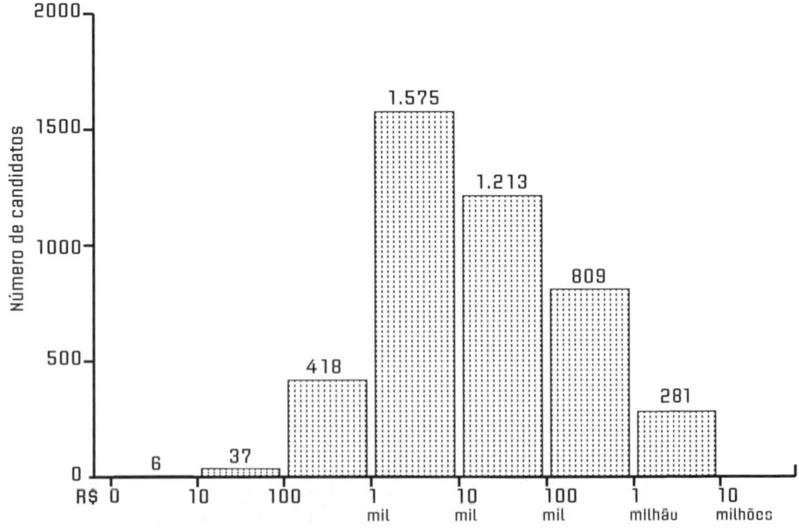

Fonte: TSE

Perfil do financiamento de diferentes cargos nos estados

A distribuição desigual dos recursos arrecadados fica mais evidente se analisarmos separadamente o perfil financeiro dos candidatos que venceram as eleições. Em comparação com a totalidade dos candidatos, os eleitores receberam várias vezes o valor médio dos demais concorrentes. Esse é um padrão constatado em todos os estados e em relação a todos os cargos. Na análise, limitamo-nos aos candidatos a deputado estadual e federal.[12]

Os gráficos 5 e 6 mostram a diferença entre os recursos médios levantados por todos os candidatos (abaixo) e os valores médios bem mais significativos dos candidatos vencedores (acima). Os estados são classificados pelas regiões Norte, Nordeste, Centro-Oeste, Sudeste e Sul, mostrando diferenças significativas entre o custo médio das campanhas eleitorais nas diferentes regiões. Para os cargos a deputado estadual e federal, os gastos na região Centro-Oeste e Sudeste tendem a dobrar os valores gastos nas demais regiões.

12. No caso das eleições majoritárias (senador, governador e presidente), o eleitor é somente um por estado, comprometendo a análise.

Gráficos 5 e 6: Receita média dos candidatos por estado (eleições 2010)

Receita média por candidato a deputado estadual – 2010

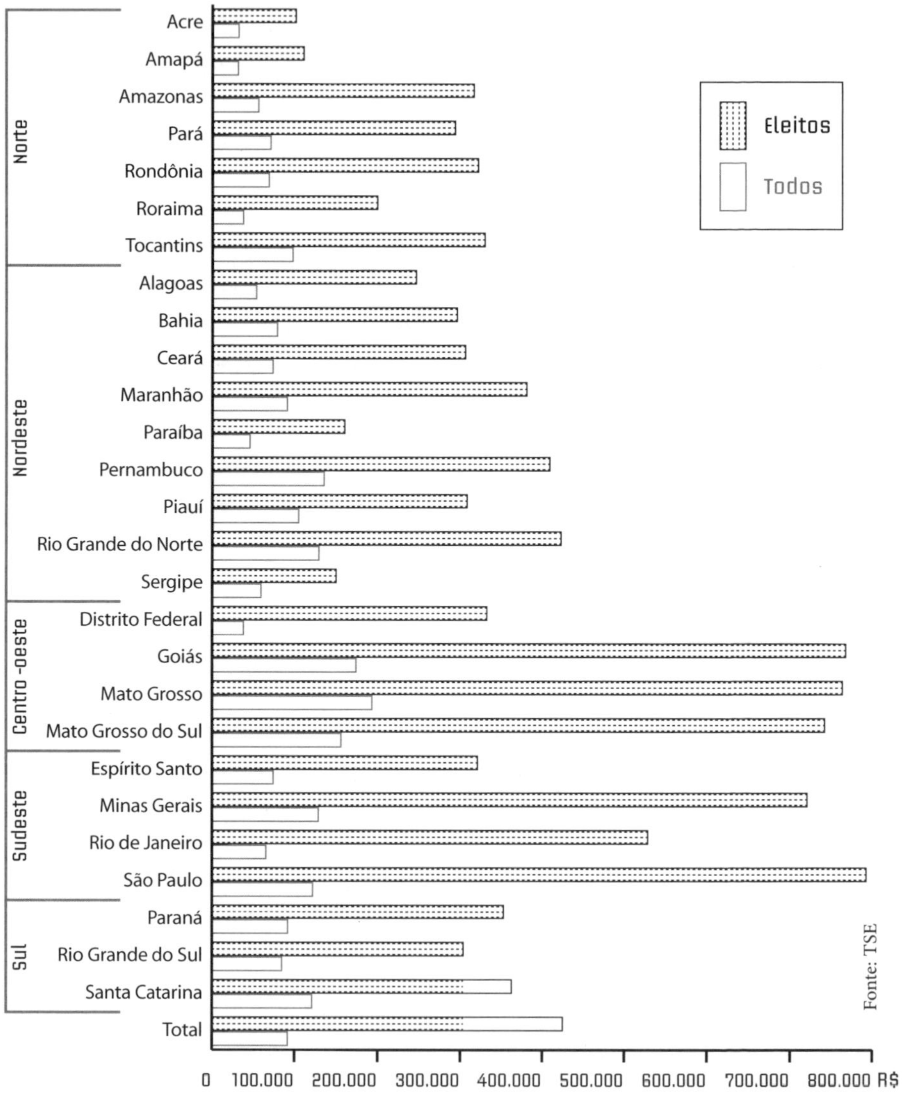

Receita média por candidato a deputado federal – 2010

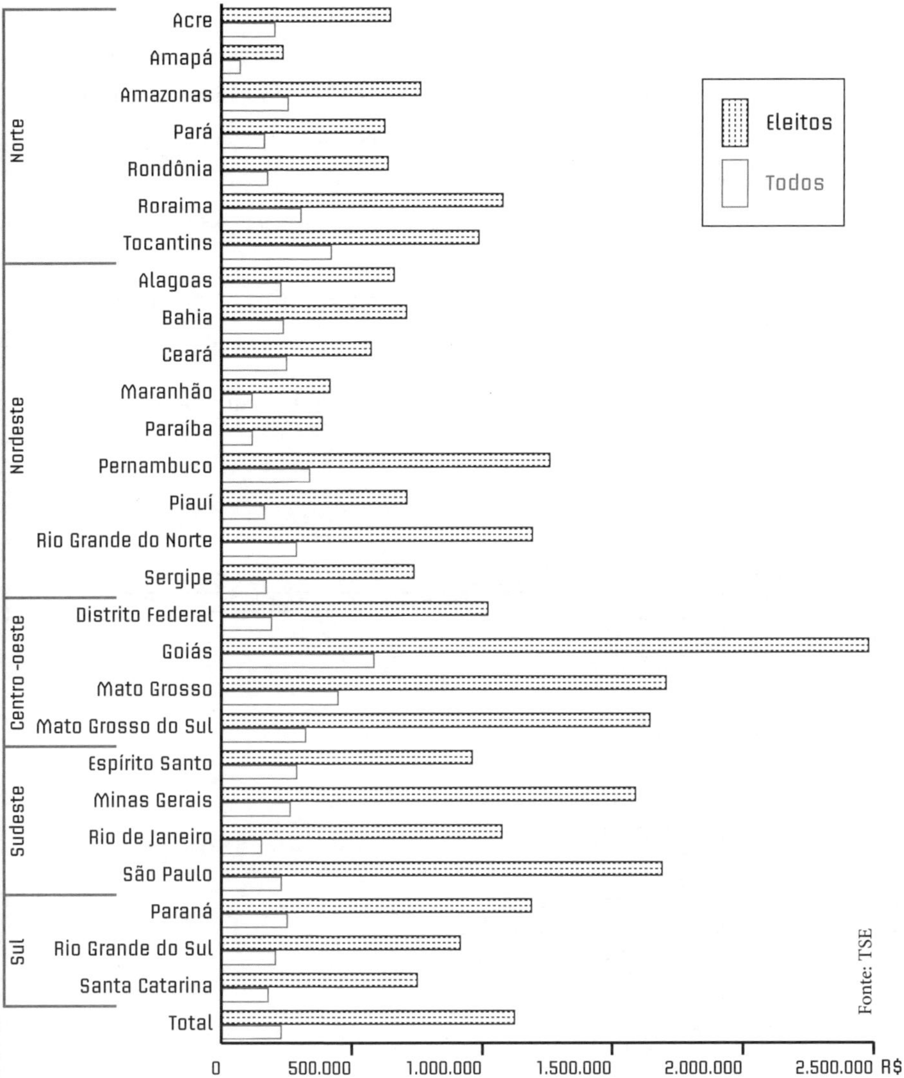

No gráfico 7, tentamos isolar o efeito das diferenças entre os estados. Calculando o valor médio gasto por todos os candidatos em 2010, por eleitor, chegamos a valores bastante díspares entre diferentes estados. Sob essa ótica, as campanhas em estados do Norte e do Centro-Oeste destacam-se como as mais caras. A avaliação desses custos díspares aponta para vários fatores, por exemplo, as diferenças na composição demográfica dos estados, o que poderá gerar demandas diferentes de recursos, a presença do poder econômico nas diferentes regiões - que cria uma situação de oferta diferente em cada estado - e a competição política que poderá estar mais ou menos acirrada em cada uma das disputas.

Gráfico 7: Média de recursos gastos em campanha por eleitor nos estados (eleições 2010)

O perfil dos financiadores

Outro olhar sobre o financiamento das eleições, com foco nas fontes de financiamento revela que as pessoas jurídicas respondem por mais da metade dos recursos arrecadados na campanha de 2010 (tabela 4). As outras fontes de financiamento são recursos próprios e doações de pessoas físicas, de partidos políticos e comitês eleitorais.

Tabela 4: Recursos próprios, pessoas físicas e jurídicas (eleições 2010)

Fonte de recursos	Nº de doações	% do total de doações	Soma dos recursos (em R$)	% do total representado por esse tipo de doação
Recursos próprios	8.336	3,0	284.728.894,00	6,8
Recursos de pessoas físicas	185.419	66,5	388.070.423,00	9,2
Recursos de pessoas jurídicas	32.872	11,8	2.237.825.494,00	53,3
Recursos de partidos políticos	4.305	1,5	727.398.647,00	17,3
Recursos de candidatos/ comitês	23.405	8,4	538.991.012,00	12,8
Outras fontes	24.654	8,8	20.980.618,00	0,5
TOTAL	278.991	100,0	4.197.995.088,00	100,0

Fonte: TSE

Entre as empresas financiadoras de campanhas, o quadro é igualmente díspar. A maior parte das empresas não contribui para campanhas eleitorais. Dos milhões de empresas existentes no país, somente 18 mil contribuíram para campanhas eleitorais em 2010. O tamanho das doações varia bastante, como era de se esperar em um sistema que conta com doadores com capacidade econômica bastante diferenciada e não iguala as doações por meio de regras definindo contribuições máximas ou gastos máximos por candidatos e partidos. Como resultado, um número reduzido de doadores contribuindo com valores significativos respondem por grande parte do financiamento das campanhas.

Gráfico 8: Distribuição dos doadores sobre diferentes classes de financiamento, em escala logarítmica (eleições 2010)

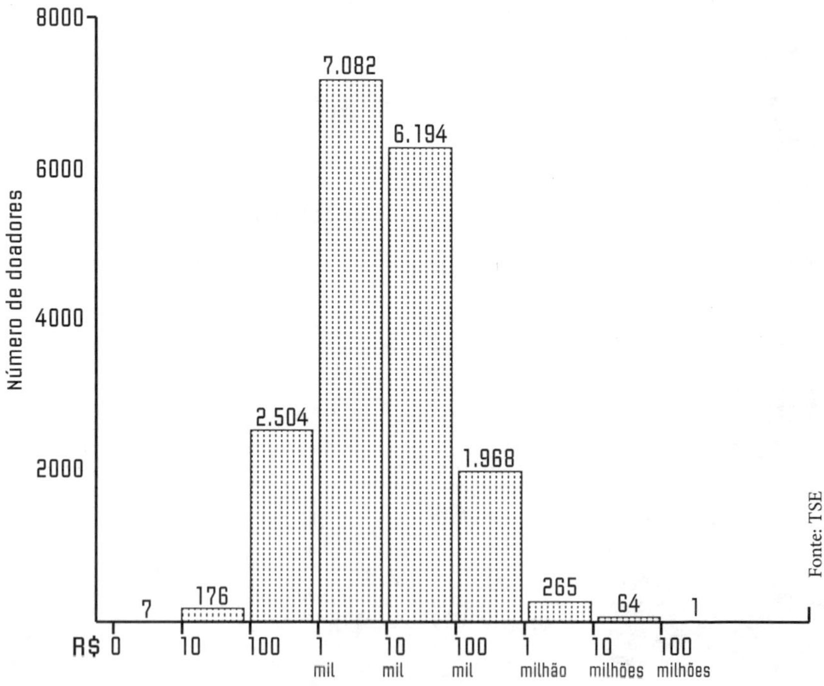

O gráfico 8 mostra que, desses doadores, mais da metade contribuiu com valores entre R$ 1 mil e R$ 100 mil. Aproximadamente 2 mil empresas contribuíram com mais de R$ 100 mil, e menos de 300 empresas contribuíram com valores maiores. Incluímos na tabela 5 a lista dos 20 maiores doadores, com doações totais entre os diferentes candidatos em 2010 entre R$ 14 milhões e R$ 102 milhões. Nesse grupo, predominam os bancos e as construtoras.

Tabela 5: Lista dos 20 maiores doadores (eleições 2010)

EMPRESA	VALOR DOADO (EM REAIS)
CAMARGO CORREIA CONSTRUÇÕES	102.982.120,00
CONSTRUTORA QUEIROZ GALVÃO	65.698.520,50
JBS S/A	65.393.000,00
CONSTRUTORA ANDRADE GUTIERREZ S/A	64.646.000,00
BANCO ALVORADA	54.169.000,00
CONSTRUTORA OAS LTDA	43.544.301,00
BANCO BMG S/A	36.582.000,00
GERDAU COMERCIAL DE AÇOS S/A	34.250.000,00
CONTAX S. A.	26.180.000,00
G ENGENHARIA S/A	25.255.730,00
CIA METALÚRGICA PRADA	24.125.000,00
LEROY DE CAXIAS INDÚSTRIA COMÉRCIO E LOGÍSTICA LTDA	23.510.000,00
U T C ENGENHARIA S/A	21.094.666,00
BANCO ITAÚ S.A	19.520.050,35
EMP FERTILIZANTES FOSFATADOS S/A	18.390.000,00
ULTRA FÉRTIL	16.800.000,00
CARIOCA CHRISTIANI NIELSEN ENGENHARIA S/A.	15.260.700,47
BANCO BRADESCO	14.103.000,00
MENDES JÚNIOR	13.817.000,00
EGESA	13.373.494,53

Os doadores alocam seus recursos de forma desigual entre os candidatos para diferentes cargos. Quando se trata de cargos no âmbito nacional, o financiamento pelas empresas não apresenta diferenças em relação às doações provenientes de outras fontes. Um terço dos recursos destina-se aos candidatos a deputado federal, valor praticamente igual ao da média de contribuição das outras fontes. O financiamento dos candidatos a presidente não pesa muito para nenhuma das fontes de financiamento, contribuindo com aproximadamente 1% do valor total de recursos alocados. Os senadores e governadores recebem 12% dos recursos das empresas, representando exatamente a média dos recursos de todas as fontes.

Existe grande diferença em relação ao financiamento da política no âmbito estadual. Enquanto na média todas as fontes de financiamento juntas alocam mais recursos em deputados estaduais (33%, em comparação com 21% para os candidatos a governador), as empresas concentram comparativamente mais recursos no financiamento dos candidatos a governador (26%, em comparação com 21% de todas as fontes).

Tabela 6: As diferentes fontes de financiamento (eleições 2010)*

	DEP. ESTADUAL	DEP. FEDERAL	SENADOR	PRESIDENTE	GOVERNADOR	TOTAL
Recursos próprios	53%	37%	6%	0%	5%	100%
Recursos de pessoas físicas	56%	32%	5%	0%	7%	100%
Recursos de pessoas jurídicas	26%	34%	12%	1%	26%	100%
Recursos de partidos políticos	15%	34%	19%	1%	32%	100%
Recursos de candidatos/comitês	40%	27%	13%	0	19%	100%
Outras fontes	39%	43%	4%	0	14%	100%
TOTAL	33%	33%	12%	1%	21%	100%

Fonte: TSE

*Para comparar o perfil de distribuição de recursos pelas diferentes fontes compara-se a última linha da tabela com a linha correspondente à fonte a ser avaliada.

A política é financiada por poucos atores, e as empresas são responsáveis por mais da metade do volume dos recursos, provenientes de um grupo muito restrito de doadores. Enquanto alguns pesos-pesados contribuem com milhões, outros ficam na faixa de algumas centenas até R$ 10 mil.

As doações têm origem e destino concentrados. Na maior parte, destinam-se a poucos candidatos que conseguem atrair grandes somas de doações, enquanto a massa dos candidatos fica com recursos ínfimos, sem chance de participar da disputa por um mandato.

2. O financiamento político e a corrupção

O financiamento de partidos e campanhas eleitorais tem despertado o interesse tanto de cientistas sociais como de representantes políticos, da mídia e de organizações sociais que defendem a reforma do sistema de financiamento no Brasil. A preocupação desses ativistas concentra-se na questão do possível vínculo com a corrupção, também assunto central deste artigo. No entanto, o risco de corrupção é somente um entre vários outros temas relacionando o financiamento político com o contexto mais amplo do sistema eleitoral e partidário. Na sequência, discutiremos alguns dos problemas vinculados ao tema do financiamento, separando três perspectivas diferentes: a perspectiva do cidadão e sua influência sobre o processo representativo, a perspectiva do candidato e o equilíbrio da disputa eleitoral e a perspectiva dos representantes eleitos e as consequências do financiamento sobre o exercício do mandato.

A perspectiva dos cidadãos: os princípios da igualdade e da liberdade

O financiamento da competição política toca em temas centrais da democracia, como a relação entre a liberdade e a igualdade dos cidadãos no processo de representação política. Do ponto de vista da igualdade cidadã no processo representativo, o financiamento pode representar uma ameaça. Sob essa perspectiva, o financiamento é um fator externo, introduzindo elementos da desigualdade socioeconômica no processo eleitoral. Enquanto os cidadãos têm voto igual, não dispõem dos mesmos recursos para influenciar o processo eleitoral. O financiamento político sem regulação minaria uma das conquistas fundamentais da democracia moderna: a igualdade e universalidade do voto, introduzido na maioria das democracias ocidentais entre 1850 e 1950.

Uma posição radicalmente diferente em relação ao financiamento privado é a interpretação dos recursos como voz, expressando preferências políticas. Dessa maneira, o financiamento de campanhas é uma forma de engajamento político. A contribuição com recursos financeiros para campanhas equivale a outras formas de participação, como a presença em manifestações políticas ou o uso do próprio prestígio para influenciar a opinião de outros atores. Consequentemente a regulação desse direito é interpretada como regulação da liberdade de expressão, acarretando, em última instância, no cerceamento da liberdade política. A Suprema Corte dos Estados Unidos em vários momentos julgou inconstitucionais determinadas leis de financiamento que limitavam as contribuições de doadores ou os gastos dos candidatos, fundamentando as decisões no princípio das garantias de liberdade de expressão.

Por outro lado, o financiamento político também dá destaque a grupos organizados que podem influenciar o processo eleitoral. Quando a democracia é compreendida como disputa entre vários grupos de interesse, e não de cidadãos individuais, sindicatos, associações de classe e empresas se tornam atores importantes. Esses grupos mobilizam diferentes tipos de recursos. O poder de mobilização de recursos de sindicatos consiste na coordenação da ação coletiva enquanto associações empresariais mobilizam o poder econômico dos seus associados. Onde o financiamento político depende basicamente de empresas, é colocado em risco o papel central do cidadão no processo eleitoral.

A regulação do financiamento político em vários países navega entre esses valores e diferentes visões sobre a democracia representativa. Algumas medidas de regulação do financiamento que visam preservar o papel do cidadão contra a influência das empresas incluem a proibição completa de doações por empresas ou pessoas jurídicas. Por outro lado, países onde o valor das contribuições é limitado a um teto máximo garantem determinado patamar de equidade entre os cidadãos. Além disso, certos modelos de subsídios públicos também podem fortalecer o papel dos cidadãos no financiamento das campanhas.[13]

A perspectiva dos candidatos: a competição equilibrada e o sistema partidário

O financiamento tem impacto sobre a competição política, aumentando as chances de votação em partidos e candidatos. Porém, podemos imaginar que a intensidade da relação é variável. Em alguns países, os eleitores são fiéis a determinados partidos em função de clivagens eleitorais de longa data. Nesses contextos, a alocação de recursos provocará menos impactos do que naqueles com eleitores que facilmente migram de um partido para outro. Também é razoável esperar que o financiamento tenha importância diferenciada. Os recursos podem importar pouco até chegar a um ponto crítico que permite desenvolver uma campanha para ganhar a eleição. Também é razoável esperar que, a partir de certo ponto, mais recursos não signifiquem mais votos. A intensidade da relação varia de fato, como mostraram pesquisas sobre a relação entre dinheiro e voto.[14]

Além dessa diferença na *intensidade* da relação entre dinheiro e voto, outro problema é a *causalidade* da relação. A simples regra "quanto mais dinheiro, mais votos" sugere que o dinheiro produz os votos, uma vez que permite uma campanha mais sofisticada, resultando em mais influência sobre o comportamento eleitoral dos cidadãos. Talvez menos evidente seja a possibilidade de candidatos com mais chance de se eleger atraírem mais recursos. No caso, teríamos uma espécie

13. O sistema de *matching funds* (financiamentos correspondentes) ou de benefícios fiscais adotado em alguns países muitas vezes aparece em combinação com um teto para as doações que serão subsidiadas. Para uma comparação e discussão de diversos sistemas de financiamento público ver: Speck, Bruno Wilhelm. *A responsabilidade social das empresas no processo eleitoral*. São Paulo: Instituto Ethos/ Transparency International, 2010.

14. Um dos achados das primeiras pesquisas sobre o impacto do financiamento sobre votos é os recursos importarem menos para os candidatos à reeleição.

de efeito inverso, em que o sucesso eleitoral esperado produz mais financiamento. Finalmente, poderíamos explicar a relação entre financiamento e sucesso eleitoral por uma variável exógena que impacta tanto sobre votos como sobre doações. Um dos possíveis fatores é o capital político dos candidatos, uma vez que políticos com mais estrada na competição provavelmente têm mais chance nos dois campos: a disputa por votos e a por dinheiro. Atualmente, os estudos disponíveis esclarecem que há uma relação forte entre voto e dinheiro. No entanto, a questão da causalidade ainda está para ser esclarecida.

Desse modo, a regulação do financiamento de partidos políticos e campanhas eleitorais torna-se uma ferramenta importante para moldar, sob uma perspectiva de curto prazo, a competição política e influenciar, em um horizonte temporal mais longo, o desenvolvimento do sistema partidário. Tanto a regulação de acesso aos recursos privados como a concessão de recursos públicos terão um profundo impacto sobre as condições de competição entre diferentes partidos políticos. Quanto à regulação das doações privadas, a medida que causa maior impacto sobre as condições de competição é a limitação dos recursos de campanha a tetos máximos iguais, que pode ser implementada por meio da definição do tempo da campanha eleitoral, da restrição dos recursos que podem ser utilizados ou mais claramente da definição de um teto de gastos máximos para todos os partidos ou candidatos.

A alocação de subsídios públicos também influencia as chances eleitorais dos candidatos e partidos. No caso, a possibilidade de moldar o sistema partidário é mais ampla. Dependendo do modelo de regulação, o financiamento de partidos e eleições favorece partidos grandes ou pequenos; promove a consolidação do sistema partidário existente ou incentiva novos partidos a entrarem na arena; pode também aumentar ou diminuir a competitividade política. A alocação dos recursos públicos pode também influenciar a relação entre diferentes âmbitos intrapartidários, fortalecendo os diretórios centrais ou regionais, os candidatos ou os partidos, as bancadas no parlamento ou a organização partidária propriamente dita, fora da ocupação de cargos públicos.

Similar à perspectiva cidadã, a avaliação do financiamento pela ótica dos partidos e candidatos competindo por votos nos leva a alguns dilemas normativos. Uma das dificuldades é definir o padrão de uma distribuição justa e equilibrada dos recursos financeiros entre os candidatos. Alguns sistemas de regulação dos recursos para partidos baseiam-se na distribuição igualitária dos recursos. Seria justo que todos os competidores tivessem o mesmo volume de recursos disponíveis. Sistemas que seguem essa filosofia estabelecem tetos máximos para os gastos em campanhas e/ou alocam recursos públicos iguais para todos os candidatos ou partidos. Nessa concepção, o financiamento é visto como externo ao processo eleitoral, influenciando-o indevidamente. O objetivo da regulação é a distribuição igual dos recursos, minimizando a distorção.

Em outra concepção, o financiamento é parte e resultado da competição política. Os candidatos com maior apoio na sociedade ou os partidos que tiveram sucesso eleitoral no passado deverão receber mais recursos. Seguindo essa filosofia da proporcionalidade, partidos menores ou novos partidos recebem menos apoio financeiro. O financiamento é um elemento intrínseco ao processo eleitoral. Quem tiver mais capital político e mais chance de ganhar terá mais acesso ao financiamento de sua campanha. A regulação do acesso aos recursos privados não tenta desfazer a capacidade desigual de mobilizar recursos financeiros. Adicionalmente, os recursos públicos são alocados proporcionalmente ao desempenho dos partidos em questão. Os critérios de alocação podem incluir os votos na eleição anterior ou na corrente, o número de filiados do partido ou a complementação de contribuições privadas com recursos públicos, o sistema de *matching funds* (ver nota 13).

A perspectiva dos representantes eleitos: financiamento e corrupção

Os parágrafos anteriores deixaram claro que a ótica aqui adotada identifica uma série de riscos decorrentes do financiamento da política, colocando em xeque a igualdade dos cidadãos e o equilíbrio da competição eleitoral. Vamos então analisar de forma mais detalhada a questão do vínculo entre financiamento político e corrupção dos candidatos eleitos, assunto central deste trabalho.

Vínculos entre financiamento político e corrupção administrativa

Nos casos em que o financiamento político está relacionado a benefícios ilegais por parte do representante financiado, há paralelos óbvios com esquemas de suborno. Em ambos os cenários – no suborno e nas doações políticas –, servidores públicos abusam de sua função pública para beneficiar empresas privadas. O dano ao setor público materializa-se em várias modalidades. Os favores que as empresas recebem em troca do financiamento de campanhas podem englobar:

Obras, bens e serviços: Empresas que mantêm negócios com o Estado, englobando o setor de construção, material de custeio para a administração, fornecedores de material hospitalar, de merendas escolares etc. podem receber tratamento diferenciado pelo Estado no acesso aos contratos, nas condições de implementação e no pagamento dos serviços prestados.

Licenças e autorizações para a prestação de serviços públicos: Além do setor de compras públicas, há inúmeras outras áreas de interface entre o setor privado e o Estado, todos potencialmente sujeitos à intermediação de favores, que incluem licenças e permissões do Estado para que empresas privadas prestem serviços públicos, englobando comunicação social, telefonia, serviços de limpeza etc.

Impostos, taxas e tributos: A interface dos atores privados com o Estado no que diz respeito ao pagamento de impostos, taxas e tributos é universal e atinge todas as empresas. Agentes públicos nesses setores estão frequentemente envolvidos em escândalos de suborno, aceitando propina em troca de fiscalizações menos rigorosas. As doações para campanhas políticas podem ter a mesma finalidade. A discricionariedade dos fiscais públicos na aplicação das regras tem papel decisivo na relação de poder entre os agentes públicos e privados envolvidos na transação.

Processos de fiscalização: Praticamente todas as empresas estão sujeitas à fiscalização por órgãos públicos, o que inclui a fiscalização de mercadorias na alfândega, a fiscalização sobre o cumprimento da legislação trabalhista, a fiscalização ambiental, a fiscalização de saúde, entre outros. A possibilidade de comportamentos arbitrários nessas áreas é maior que em outras.

Empréstimos estatais: A concessão de empréstimos é de importância fundamental para viabilizar empreendimentos privados. O Estado é um dos grandes agentes no mercado financeiro de empréstimos para alavancar atividades privadas. Novamente, o pagamento de suborno e o financiamento de campanhas podem levar os servidores públicos envolvidos nas decisões a abandonar tais regras, viabilizando negócios que de outra forma talvez não se concretizassem.

Os benefícios para empresas privadas só são possíveis por meio da transgressão de princípios básicos da administração pública, como a impessoalidade, a moralidade, a eficiência e a legalidade. Leis e regulamentos limitam a margem de manobra para os servidores públicos decidirem arbitrariamente sobre processos de contratação, a concessão de crédito ou a fiscalização de uma empresa suspeita de evasão fiscal.

Praticamente todos esses benefícios podem ser obtidos tanto por meio do suborno a funcionários como de doações políticas. Os benefícios gerados para a empresa são os mesmos, independentemente de o favorecimento ter origem em um suborno pago a um funcionário ou em financiamento a um partido político. Do ponto de vista da empresa, a diferença se resume a duas estratégias diversas para alcançar o mesmo objetivo. Do ponto de vista do poder público, há diferenças consideráveis entre a corrupção administrativa e a concessão de favores em consequência de doações políticas. Essas diferenças entre a corrupção administrativa, por meio do suborno a servidores, e a corrupção por meio do financiamento da competição política será analisada a seguir.

A primeira resume-se a uma relação diádica entre servidores e agentes privados. Esses esquemas podem causar danos consideráveis ao interesse público. Porém, para enfrentá-los, as medidas mais eficientes tendem a ser regras mais claras, controle mais denso e maior transparência.

Já a intermediação de favores por agentes eleitos envolve problemas colaterais mais complexos. Quando legisladores têm ascendência sobre a administração e o governo goza de apoio fragmentado no Legislativo, relações de apoio são negociadas com legisladores individuais mais do que com partidos, e a governabilidade é mantida em troca do acesso aos cargos públicos para os aliados. Esse sistema, conhecido como de *spoils*, ou patronagem, permite que legisladores indiquem membros de seu grupo para ocupar determinados cargos públicos. Os indicados, por sua vez, serão os contatos quando favores para doadores de campanhas deverem ser recompensados.

Uma segunda fragilidade colateral refere-se à independência e profissionalização do serviço público. Enquanto na corrupção administrativa os servidores públicos entram em esquemas baseados em um cálculo de risco que não envolve necessariamente atores externos, no caso de favores intermediados por legisladores ou governantes as implicações são mais amplas. Nessa constelação, o serviço público carece tipicamente de profissionalização e independência que o proteja de interferências externas. O servidor não dispõe de amparo institucional para se proteger de demandas externas, e caso os esquemas sejam descobertos precisará do apoio dessas redes de influência para se proteger contra sanções.

Essas relações entre a compra de favores por meio de doações para campanhas eleitorais com problemas na relação entre o governo e sua base parlamentar de um lado e a baixa profissionalização do serviço público do outro ilustram a diferença fundamental entre corrupção administrativa e corrupção por meio de doações do ponto de vista das implicações e dos danos causados na administração pública.

Favorecimento em decisões políticas

Os benefícios gerados pelo financiamento de campanhas não se limitam a decisões administrativas. Eles abrangem a própria atividade dos candidatos eleitos para cargos Executivos ou Legislativos. Um *chefe de governo* que obteve financiamento do crime organizado poderá afrouxar a fiscalização da venda de produtos pirateados, permitindo margem de lucro maior para o setor. Igualmente, *legisladores* que tiveram apoio financeiro de empresas do setor farmacêutico poderão levá-lo em conta no momento de decidir sobre a regulação de pontos críticos para o setor, como a venda de remédios fragmentados. Há diferenças significativas entre essa corrupção de atividade e os exemplos anteriores de corrupção de partes da administração pública. A influência sobre as decisões políticas de governos e legisladores será aqui classificada como captura de Estado.

No caso dos agentes em cargos eletivos, o envolvimento em esquemas de captura de Estado não inclui necessariamente uma clara violação da lei. Tanto os chefes de governo como os legisladores eleitos dispõem de ampla margem de arbitrariedade na interpretação de seu mandato. Os exemplos de favorecimento resultante de doações de campanhas incluem uma ampla gama de interações que vão desde o acesso privilegiado aos legisladores e governantes eleitos, para comunicar o interesse durante o processo decisório sobre temas que afetam determinada empresa ou setor, até a "compra" de decisões desses mesmos integrantes do Poder Legislativo ou Executivo. Seja no acesso privilegiado aos centros de poder, seja na influência direta sobre o processo decisório, as decisões dos políticos em cargos eletivos dificilmente poderão ser questionadas como ilegais, ferindo normas ou regras de procedimento.

Mesmo que as decisões dos representantes eleitos sejam influenciadas pela generosidade de determinados financiadores de campanhas políticas, dificilmente deixarão rastros de atos ilegais ou contra normas de direito público. O político eleito não quebra regras da administração pública ao favorecer ilegalmente seu doador, mas faz uso de seu poder discricionário para interpretar seu mandato de defensor dos interesses públicos. Ou seja, a atividade de representação política baseia-se no princípio do mandato livre, deixando ampla margem para que cada representante eleito interprete seu mandato dentro do compromisso de promover o bem público com suas ações. A complexidade dessas decisões, os vários aspectos e interesses envolvidos e a falta de parâmetro para medir a aproximação ou o afastamento do interesse público impossibilitam identificar o desvio do compromisso com o bem público de forma clara.

A dificuldade em identificar a ilegalidade ou ilegitimidade de determinado ato constitui uma diferença fundamental entre favor administrativo e favor político. Estabelecer relação causal entre uma empresa de mineração que financiou uma ou várias campanhas de candidatos ao cargo de governador e a obtenção de uma linha de crédito estatal para a mesma empresa, para que desenvolva um projeto de investimento, torna-se difícil. O financiamento poderá fazer parte de uma nova política pública para o setor, beneficiando igualmente várias outras empresas da área, que eventualmente não contribuíram para a campanha. Poderá fazer parte de um plano do governo para promover o emprego na região por meio do incentivo a investimentos. No caso, teríamos de verificar se outros interessados na mesma política fizeram igualmente contribuições para a campanha. Haveria outra situação se o plano fizesse parte de uma estratégia para promover a iniciativa privada, partindo de um candidato que defende legitimamente o desenvolvimento pela iniciativa privada. No caso, o apoio ao candidato poderia ser motivado por motivos ideológicos, mais do que a expectativa de benefícios específicos. O acesso a uma nova linha de crédito à iniciativa privada não seria o motivo da doação, mas um efeito colateral eventual.

A dificuldade de identificar a linha divisória entre o representante íntegro e o desvirtuamento de seu papel em função de interesses de doadores de campanha não significa que a diferença seja inexistente. Um setor econômico que, por meio de doações de campanha, consegue impedir uma medida que beneficiaria a maioria dos cidadãos, como o fracionamento de remédios pelas farmácias, uma legislação de defesa dos direitos do consumidor ou sanções mais severas para danos causados ao meio ambiente podem causar danos bem mais sérios e duradouros ao bem comum que o crédito concedido de forma irregular a uma empresa individual que doou para uma campanha. Porém, isolar essas situações de outras, como as anteriormente mencionadas, constitui um desafio para a pesquisa acadêmica.

Abuso de recursos públicos para promover a reeleição

Outra diferença significativa entre a corrupção causada pelo suborno e a corrupção vinculada ao financiamento da política se refere aos objetivos dos agentes públicos eleitos envolvidos. Enquanto na corrupção administrativa, o objetivo do abuso de poder público são os fins privados, no financiamento da política, a finalidade do abuso de poder é obter vantagens políticas. Estas consistem tipicamente, mas não exclusivamente, no aumento das chances de eleição com os recursos doados para a campanha eleitoral. As consequências da diferenciação são importantes para a compreensão do vínculo entre financiamento político e corrupção.

Adicionalmente a todos os outros danos conhecidos da corrupção, tanto na área privada como na pública, o financiamento político distorce também a competição política. Em um primeiro momento, poderíamos classificar o efeito como colateral. Afinal, uma doação que garante certa influência sobre o representante não é necessariamente suficiente para aumentar as chances de eleição. Porém, o doador que faz contribuições com o objetivo de obter retorno precisa apostar em candidatos vencedores. Os investimentos em candidatos que não se elegem são perdidos e ineficientes. Portanto, o doador não poderá desconsiderar as chances eleitorais do candidato em questão. Concentrará investimentos, na busca por influência, em candidatos viáveis ou se preocupará também com as chances de sucesso eleitoral. Tanto do ponto de vista do candidato como do doador, a distorção da competição eleitoral e, portanto, da representação política está intrinsecamente vinculada à corrupção por meio do financiamento da política.

Ocupantes de cargos públicos têm várias possibilidades para extrair recursos públicos do Estado com a finalidade de influenciar o processo eleitoral. Em alguns casos, funcionários são mobilizados para incrementar comícios eleitorais, e veículos oficiais são fornecidos ou viagens são pagos pelo Estado. O uso unilateral do Estado a serviço do partido no poder custa caro ao erário e desequilibra o jogo eleitoral. Essas formas de influenciar o processo eleitoral não passam pelos financiadores privados. As regulações mais antigas de financiamento da política limitaram formas de mobilização do setor público para fins políticos. As medidas para conter essas formas de abuso incluem a proibição de financiamento unilateral de partidos por parte de instituições públicas, o veto a doações por parte de funcionários ou a proibição da reeleição de governos.

Eleitores são igualmente suscetíveis ao uso politizado da administração pública que troca votos por acesso a serviços de saúde, educação ou outros serviços. Em países onde funcionários públicos não gozam de estabilidade, os governos frequentemente os pressionam a contribuir financeiramente para as campanhas do governo. Não raramente, as doações são descontadas na própria folha de pagamento. Mesmo que essas manipulações não envolvam o setor privado, lesam o patrimônio e a credibilidade do setor público, visando a vantagens políticas.

Os governos também usam seu controle sobre a máquina pública para instrumentalizar o setor privado no financiamento de campanhas. Empresas são frequentemente abordadas para fazer doações aos candidatos do governo, oferecendo contratos lucrativos ou ameaçando com represálias em caso de recusa. A diferença entre esses casos e a compra de favores por empresas doadoras está na relação de força entre agente público e privado. Enquanto no primeiro caso, o doador condiciona seu apoio ao favor, no segundo caso, o agente público pressiona empresas para fazer doações, sob ameaça de persegui-las com medidas administrativas. Tecnicamente, a troca de doações por vantagens se iguala nos dois casos. A relação de forças entre a classe política e o setor privado diferencia as duas situações. Pesquisas internacionais com empresas revelaram que tal pressão por doações é bastante difundida.

Diferenças entre suborno e doações políticas que dificultam a investigação

As diferenças entre a corrupção com fins políticos e o suborno baseado em motivações privadas vão além de questões conceituais. Em primeiro lugar, as transações financeiras nos casos de suborno a funcionários públicos são *ilegais*, enquanto contribuições para campanhas são *legais* quando observadas determinadas regras. A transação financeira entre cidadão e guarda de trânsito ou entre a empresa e o agente público envolvido em um processo de licitação é ilegal e constitui um crime em si só.[15] No caso do financiamento político, a situação se coloca de forma diferente. As doações de campanha por parte de empresas são proibidas em poucos países. Onde as contribuições corporativas são permitidas, elas não podem ser interpretadas como indícios de ilegalidade, sem provas concretas a respeito do vínculo com os benefícios a empresas privadas.[16]

Outra diferença significativa está na dimensão temporal. Em esquemas de suborno, o pagamento do agente corruptor tende a ocorrer próximo ao momento do benefício concedido ao agente privado. A proximidade temporal é geralmente induzida pela incerteza de ambas as partes sobre o cumprimento do acordo corrupto. Somente em redes de corrupção que constituem um poder paralelo, os atores públicos e privados contribuirão hoje com um desvio de conduta para receber os benefícios privados em um futuro incerto. As trocas em esquemas de corrupção pontuais dão-se no menor período de tempo possível, evitando eventuais calotes de qualquer um dos envolvidos. No caso do financiamento político, os períodos entre doação e retribuição são distintos. Enquanto o "investimento" do doador ocorre ainda durante a campanha eleitoral, a retribuição esperada se dará, via de regra, somente depois da eleição.

15. O Código Penal em muitos países prevê punição no caso da mera oferta de dinheiro, sem comprovação da contrapartida ou benefício concedido ilegalmente.

16. Há uma tendência tanto na mídia como na academia de interpretar qualquer doação pelo setor privado como movida pela intenção de ver o retorno econômico do investimento. Se a lei veta ou a opinião pública reprova qualquer financiamento por parte do setor privado, interpretando-o como movido por razões econômicas, a doação em si já é elemento suficiente para provar a intenção da corrupção.

Além da separação entre apoio e retorno em dois momentos diferentes, o financiador de campanhas que visa obter benefícios para sua empresa por meio de doações enfrenta vários tipos de incerteza. A primeira diz respeito ao saldo incerto obtido no resultado eleitoral. O partido apoiado poderá acabar na oposição ou o candidato pode não se eleger. Uma vez eleito, as incertezas continuam. Diferentemente do suborno ao funcionário público, que leva em conta sua posição no processo decisório em questão, o financiamento de candidatos ou partidos em eleições é uma aposta em agentes públicos em potencial com poder de decisão ainda incerta. Há, finalmente, também incerteza referente aos assuntos que eventualmente entrarão na agenda do Executivo ou Legislativo, para debate e votação. As diferentes camadas de incerteza entre o apoio a campanhas eleitorais e a possibilidade de uma retribuição distanciam a corrupção administrativa da corrupção envolvendo financiamento político.

As diferenças entre suborno e financiamento político também se estendem à contrapartida ou "favor" prestado ao agente privado. Nos casos acima discutidos, os benefícios concedidos às empresas que realizaram doações de campanha provêm da administração pública. Esses esquemas só funcionam quando os políticos eleitos têm influência sobre as rotinas do serviço público. A politização do serviço público, baseada em relações clientelistas entre altos servidores e seus padrinhos políticos é o elo que vincula, por exemplo, a doação de campanha a um processo de licitação. Nos casos de corrupção visando o enriquecimento pessoal, a politização não é necessária. As relações de troca podem estar limitadas a agentes privados e servidores públicos.

3. Regulação do financiamento político e combate à corrupção

O financiamento de partidos políticos e campanhas eleitorais é geralmente discutido no contexto do debate sobre o fortalecimento da democracia. A relação dos modelos de regulação do financiamento político com os diferentes valores democráticos foi discutida no início deste texto. Destacamos os valores da liberdade e equidade dos cidadãos, do equilíbrio da competição eleitoral e da integridade dos representantes. A seguinte tabela resume algumas das ferramentas regulatórias e seu impacto sobre esses três objetivos.

Tabela 7: Valores e ferramentas de regulação

	LIBERDADE E IGUALDADE DO ELEITOR	EQUILÍBRIO DO PROCESSO ELEITORAL	INDEPENDÊNCIA DO REPRESENTANTE ELEITO
Regulação do papel do Estado	-	Proibição de doações a partidos por instituições públicas.	-
Regulação de ingressos privados	Definir valores máximos para contribuições. Proibição de financiamento por associações e empresas.	Garantir financiamento básico para partidos Regular visando equidade de acesso a recursos vs. Defender liberdade de arrecadar doações privadas.	Proibir doações de empresas dependentes de contratos, concessões etc. do poder público. Incentivar diversificação de fontes de financiamento para minimizar dependência.
Providenciar subsídios públicos	Alocar subsídios públicos por meio de *voucher* ou de *matching funds*.	Distribuição equitativa ou proporcional de recursos públicos entre candidatos.	Substituição parcial ou total de doações privadas por financiamento público de partidos.
Regular gasto em campanhas	-	Tetos para gastos máximos pelos candidatos/partidos.	-
Garantir transparência na fiscalização	-	Divulgação de informações sobre doações e gastos durante a campanha, permitindo o voto informado.	Fiscalização posterior, com enfoque na identificação de vínculos entre doadores e candidatos eleitos.

No entanto, o controle do abuso de recursos públicos não poderá se limitar a este lado da "demanda" por recursos financeiros, do ponto de vista de sua legitimidade e seu impacto sobre o sistema de representação política. As áreas de risco na interface entre setor público e privado são parte do problema e responsáveis pela "oferta" dos recursos de financiamento pelo setor privado.

Concluímos então que a relação entre financiamento político e corrupção (no sentido da instrumentalização de cargos públicos para fins privados) se desenvolve em três modalidades importantes. A primeira envolve o benefício a empresas específicas que têm negócios com o Estado. Passa pela influência do representante eleito sobre setores ou personagens da administração pública e implica a quebra de leis que regem a moralidade, a isonomia, a imparcialidade e a eficiência dos servidores. A segunda modalidade inclui decisões políticas dos representantes eleitos. A identificação da parcialidade da decisão e do benefício privado para os doadores é mais difícil, mas seu efeito pode ser mais duradouro e custoso para o bem comum. A terceira modalidade tem como centro os próprios representantes que abusam dos recursos do Estado para garantir sua reeleição. No caso, o envolvimento de atores privados não é um elemento essencial, mas pode fazer parte. Quais lições podem ser tiradas de tais observações?

Brechas na integridade da administração pública

Para combater a primeira modalidade da corrupção administrativa, é necessário identificar os elos que a vinculam ao financiamento da política. O primeiro elo é a influência dos políticos eleitos sobre setores da administração pública. A indicação de altos cargos na administração pública por legisladores, em troca de apoio político ao governo, é uma prática que tem contribuído para forjar alianças de governo. Porém, o benefício da governabilidade em um contexto de um sistema partidário fragmentado pode ter consequências negativas quando políticos usam esses canais para beneficiar os financiadores de suas campanhas. Dessa forma, podemos dizer que a fragmentação partidária tem um custo para a integridade da administração pública.

A limitação do vínculo passa pelo fortalecimento do sistema partidário e pela despolitização da administração pública. A despolitização pode ser apoiada em normas mais rígidas sobre a limitação dos cargos livremente nomeados e casos de troca de governo. Em locais onde a ocupação de cargos-chave é aberta somente a candidatos concursados na respectiva carreira administrativa, a possibilidade de loteamento da máquina pública com pessoas fiéis a determinados líderes políticos é limitada.

O segundo elo entre financiamento político e corrupção administrativa é o grau de arbitrariedade de decisão que os servidores têm nas suas decisões. Conforme os processos de compras públicas, de rotinas de fiscalização ou de regras para conceder permissões e concessões são regulamentados na administração pública, a negociação de vantagens em troca de vantagens privadas (suborno) ou políticas (doações em campanha) são reduzidas. Nesse sentido, o combate à corrupção com vínculos políticos não é diferente das medidas contra a corrupção administrativa. Ele inclui também outras, como o fortalecimento da transparência e dos canais de reclamação e a fiscalização e aplicação de sanções.

Para identificar as áreas de vulnerabilidade, um caminho promissor é a realização de levantamentos entre os financiadores corporativos de campanhas eleitorais. Contra quais problemas querem se prevenir quando apoiam muitas vezes diferentes candidatos concorrentes entre si? O combate ao vínculo entre corrupção administrativa e financiamento político passa por uma análise desses pontos de vulnerabilidade na interface entre Estado e iniciativa privada para a negociação de favores ou a extorsão de doações políticas.

Desafios para a regulação do financiamento político

Na captura do Estado, as decisões dos governos e legisladores sobre as políticas públicas e a aprovação de leis estão sujeitas à influência indevida pelos financiadores. Argumentamos anteriormente que a identificação desse desvio de conduta é mais difícil e aberta à interpretação. Porém, as consequências da captura de Estado são mais profundas e duradouras que os favores concedidos no âmbito administrativo.

Algumas regras podem diminuir o risco de contaminar decisões políticas pelo financiamento durante as campanhas. Um exemplo é a limitação do vínculo entre um financiador e determinado agente político. Alguns candidatos recebem grande parte de seus recursos de poucos financiadores. Por estarem mais dependentes de determinados doadores, ficam também mais inclinados a atender suas demandas. Em alguns países, a regulação do financiamento privado da política limita a dependência de candidatos ou partidos a um único financiador.

Outra regra para evitar desvios de conduta é a definição de conflitos de interesse para os representantes eleitos com apoio financeiro de alguns setores econômicos. Esses políticos poderiam ser vedados de presidir as respectivas comissões no Legislativo, responsáveis pela fiscalização das ações do governo no setor e pela elaboração da respectiva legislação. Porém, novamente a implementação prática da medida enfrenta uma série de dificuldades.

Diferentemente da corrupção na administração pública, o mandato eletivo não permite enfrentar essas decisões enviesadas pelo financiamento político por meio de normas legais para a conduta correta do governante ou do legislador. Não há regra para identificar o bem comum ou o desvio dele. Os candidatos eleitos devem ser cobrados e responsabilizados pelos cidadãos. Para que a mídia, as organizações sociais e os partidos concorrentes possam fazer um trabalho de crítica das fontes de financiamento, tanto os dados sobre o financiamento como as decisões políticas (nomeação de cargos, aprovação de leis, aplicação de recursos orçamentários) devem ser divulgados publicamente. Especificamente os dados sobre o financiamento político devem ser disponibilizados durante o processo eleitoral. Apenas assim, as organizações da sociedade civil, a academia, a mídia e os próprios adversários políticos podem informar os cidadãos sobre possíveis vínculos entre o financiamento político e as políticas públicas aditadas.

A legislação no Brasil está caminhando na direção da transparência no financiamento político e na administração pública. Os dados sobre o financiamento de partidos e candidatos são públicos desde 1995 e 1997, respectivamente, e a Lei de Transparência de 2009 aumentou consideravelmente a transparência orçamentária dos governos nos três âmbitos da federação. Porém, em relação ao financiamento político ainda há lacunas importantes. Uma delas é a não divulgação dos nomes dos financiadores durante a campanha eleitoral. A divulgação das votações nominais dos legisladores ainda não foi implementada por todos os Legislativos estaduais e municipais. São informações importantes para subsidiar a crítica do comportamento político pela mídia e outros atores. Na ausência de definir o bem comum pelos códigos legais, o controle social dos políticos eleitos se torna essencial. A eficiência depende do acesso à informação sobre como os legisladores votaram e quais decisões os governos tomaram no exercício do mandato.

Enfrentando o abuso da máquina para a reeleição

A resposta universal mais clara aos riscos do abuso da máquina pública para fins de reeleição é a própria proibição da reeleição imediata. A mudança da legislação no Brasil em 1997, permitindo um segundo mandato, aumentou claramente as possibilidades de abuso, em nome de outros benefícios como a continuidade das políticas públicas adotadas. Alguns comentaristas interpretaram a mudança como a introdução do mandato duplo (de oito anos), intercalado com um referendo revocatório, o que ilustra o poder do governo em atuação para patrocinar sua reeleição com recursos públicos e a instrumentalização eleitoral da máquina pública.

Por outro lado, todas as medidas que contribuem para a profissionalização e despolitização da administração pública também diminuem o risco de sua instrumentalização durante o processo eleitoral. Em vários países, como Honduras ou Moçambique, os funcionários públicos ainda estão sujeitos a contribuições obrigatórias para o partido no governo ou são mobilizados em comícios de campanha. Em resposta, alguns países, como o Paraguai, proibiram em absoluto doações políticas por parte dos funcionários. Porém, a medida mais sustentável parece ser a implementação de um serviço público profissional e meritocrático. Essa ainda é a medida mais sustentável contra o abuso da máquina em tempos de reeleição.

No entanto, há medidas mais específicas a considerar. A legislação eleitoral, que já proíbe doações unilaterais por órgãos públicos a partidos políticos ou campanhas eleitorais, precisa ser modernizada e adaptada às práticas mais recentes da administração pública. A implementação de políticas públicas no Brasil na área da saúde, da educação e do lazer por meio de convênios com ONG tem se revelado uma área de risco para canalizar recursos para partidos políticos e candidatos. A área dos convênios com entidades privadas precisa de uma regra clara delimitando as conexões com a política partidária e o processo eleitoral.

A compra de votos dos cidadãos em troca de acesso a serviços públicos tem sido citada como forma muito comum de abuso de recursos públicos para fins políticos. O Brasil tem apostado fortemente no combate a essa forma ilegal de financiamento por meio da legislação eleitoral que penaliza os candidatos que cometem tal crime. Porém, o combate à compra de votos com a intermediação de serviços municipais pode voltar o enfoque também para o período não eleitoral. Conforme os serviços prestados pelo Estado se tornam universalmente acessíveis para o cidadão comum, o mercado de intermediação de votos pelos candidatos ou os cabos eleitorais desaparece. Uma organização mais transparente e mais acessível na administração pública é uma medida diretamente vinculada ao combate ao abuso de recursos públicos para fins eleitorais.

Conclusão

A análise da corrupção vinculada ao financiamento político revelou que apesar da analogia inicial com o fenômeno do suborno, há diferenças significativas entre ambos. No suborno, os agentes públicos visam benefícios privados, enquanto no financiamento político o objetivo do agente público é a vantagem política.

Apesar de vários paralelos com o suborno, o fato de que o benefício esperado pelo agente público seja político tem uma série de implicações. Uma delas é que o financiamento político pode causar danos ao sistema político de um país, minando princípios de equidade e equilíbrio no processo eleitoral. Esses são os temas clássicos dentro dos quais as práticas do financiamento político normalmente são discutidas. A questão da vinculação com a corrupção abre o debate em outra direção. O enfoque não está na demanda de financiamento por integrantes da classe política, mas na oferta pelos doadores e nas razões pelas quais estes estão dispostos a investir na política.

A descrição do vínculo entre financiamento político e corrupção tem se revelado mais complexa que o primeiro entendimento sugere. A corrupção com origem no financiamento de campanhas abrange uma série de facetas, desde a intermediação de benefícios administrativos, passando pelas decisões políticas enviesadas até o abuso de recursos públicos para a reeleição de candidatos. As diferenças têm importância para além da análise conceitual: influenciam as estratégias de reformas para enfrentar esses fenômenos.

Para os especialistas em administração pública, preocupados com a eficiência das políticas públicas e a integridade da administração, o tema do financiamento da política traz a novidade porque identifica o benefício político como possível origem e propulsor de determinados esquemas de corrupção. O combate à corrupção em muitos casos passa pela reforma do sistema de financiamento da política.

Para os especialistas no tema do financiamento político, o aprendizado segue em sentido inverso. Além dos danos ao sistema político, o financiamento da política pode impactar negativamente sobre a administração pública. Onde isso acontece, os esforços de reforma não podem se limitar a novas regras quanto aos recursos privados e públicos alocados aos partidos e candidatos. A reforma da administração pública, tornando-a menos permeável à compensação de doadores de campanhas políticas pode ser um pilar importante para implantar um sistema de financiamento equilibrado.

Referências bibliográficas

Ansolabehere, Stephen; Figueiredo John M. de; Snyder, James M. "Why Is There So Little Money in U.S. Politics?" *Journal of Economic Perspectives*, v. 17, n. 1, Inverno 2003.

Argandoña, Antonio. "Political Party Funding and Business Corruption". Research paper 458, Iese, Espanha, Universidade de Navarra, jan. 2002.

Bourdoukan, Adla Youssef. *O bolso e a urna: financiamento político em perspectiva comparada*. Dissertação de Doutorado em Ciência Política. São Paulo, Universidade de São Paulo, 2009.

Braga, Maria do Socorro Sousa; Bourdoukan, Adla Youssef. "Partidos políticos no Brasil: organização partidária, competição eleitoral e financiamento público". *Perspectivas*, São Paulo, v. 35, jan./ jun. 2009.

Campos, Mauro Macedo. *Democracia, partidos e eleições: os custos do sistema partidário-eleitoral no Brasil*. Tese de Doutorado. Belo Horizonte, Universidade Federal de Minas Gerais, 2009.

Dreifuss, René Armand. *1964: a conquista do Estado – ação política, poder e golpe de classe*. Petrópolis: Vozes, 1981.

Dutra, Eloy. *Ibad: sigla da corrupção*. Rio de Janeiro: Civilização Brasileira, 1963.

Ferdinand, Peter. "Party Funding and Political Corruption in East Asia: The Cases of Japan, South Korea and Taiwan". In: Austin, Reginald; Tjernström, Maja (eds.). *Funding of Political Parties and Election Campaigns*. Estocolmo: Idea, 2003.

Figueiredo Filho, Dalson Britto. *O elo corporativo? Grupos de interesse, financiamento de campanha e regulação eleitoral*. Dissertação de Mestrado em Ciência Política. Recife, Universidade Federal de Pernambuco, 2009.

Fleischer, David. "Political Corruption in Brazil: The Delicate Connection With Campaign Finance". *Crime, Law and Social Change*, Beverly Hills, v. 25, 1997.

Krause, Silvana. "The Need for Balance in Party Financing in Brazil". In: Butler, Anthony (ed.). *Paying for Politics. Political funding in South Africa and the Global South*. África do Sul: 2011.

Peixoto, Vitor de Moraes. *Eleições e financiamento de campanhas no Brasil.* Tese de Doutorado em Ciência Política. Rio de Janeiro, Instituto Universitário de Pesquisas do Rio de Janeiro, 2010.

_____. *Votos: Valem quanto pesam? O impacto do financiamento de campanhas eleitorais no Brasil.* Dissertação de Mestrado em Ciência Política. Rio de Janeiro, Instituto Universitário de Pesquisas do Rio de Janeiro, 2006.

Pinto-Duschinsky, Michael. "Financing Politics. A Global View". *Journal of Democracy*, v. 13, n. 4, out. 2002.

Ribeiro, Pedro José Floriano. *Dos sindicatos ao governo: a organização nacional do PT de 1980 a 2005.* Tese de Doutorado em Ciência Política. São Carlos, Universidade Federal de São Carlos, 2008.

Samuels, David. "Incumbents and Challengers on a Level Playing Field: Assessing the Impact of Campaign Finance in Brazil". *The Journal of Politics*, v. 63, n. 2, maio 2001.

_____. "Does Money Matter? Credible Commitments and Campaign Finance in New Democracies: Theory and Evidence from Brazil". *Comparative Politics*, v. 34, n. 1, out. 2001.

Santos, Rodrigo Dolandeli dos. *A economia política das eleições 2002. Um estudo sobre a concentração de financiamento de campanha para deputado federal.* Dissertação de Mestrado em Ciência Política. Niterói, Universidade Federal Fluminense, 2009.

Speck, Bruno Wilhelm. "Reagir a escândalos ou perseguir ideais? A regulação do financiamento político no Brasil". *Cadernos Adenauer*, ano 6, n. 2, 2005.

_____. *A responsabilidade social das empresas no processo eleitoral.* São Paulo: Instituto Ethos/ Transparency International, São Paulo, 2010.

A corrupção, o Judiciário e a cultura política no Brasil democrático[1]

Fernando Filgueiras[2]
Marjorie Corrêa Marona[3]

Introdução

A consolidação da democracia no Brasil processou-se nos termos do presidencialismo de coalizão. A centralidade do presidente na vida pública brasileira, o modo como o Poder Executivo tem se relacionado com o Poder Legislativo e a questão da configuração de coalizões que permitam a governabilidade derivam de um processo de engenharia institucional configurado com o processo de constitucionalização desde 1985. A democratização brasileira proporcionou uma ampliação dos direitos, configurou a existência de um Estado Democrático de Direito e consolidou uma centralidade da cidadania na vida política pós-autoritarismo.

Contudo, o processo de democratização e a superação do problema da governabilidade, que atravessava nossa história republicana, parecem não ter dado conta do problema da corrupção.

1. Agradecemos o apoio financeiro da Fundação Ford e da Fundação Konrad Adenauer, que possibilitaram a consecução da pesquisa "Corrupção e Interesse Público", realizada pelo Centro de Referência do Interesse Público da Universidade Federal de Minas Gerais.

2. Professor adjunto do Departamento de Ciência Política da Universidade Federal de Minas Gerais (UFMG). Pesquisador do Centro de Referência do Interesse Público (CRIP/UFMG). Autor de *Corrupção, democracia e legitimidade* (Editora UFMG, 2008). E-mail: <ffilgueiras@fafich.ufmg.br>.

3. Doutoranda do Programa de Pós-Graduação em Ciência Política da Universidade Federal de Minas Gerais (UFMG). E-mail: <marjoriemarona@hotmail.com>.

A corrupção sempre esteve presente na vida pública brasileira, de maneira que é uma constante no discurso político, principalmente nos momentos mais delicados de nossa vida republicana (Carvalho in Avritzer, 2008). Em um desses momentos, a corrupção serviu aos interesses de uma elite autoritária, e a fraqueza do sistema institucional brasileiro originado da Constituição de 1946 deu ensejo à criação de um regime autoritário que restringia direitos, implementando a tortura e mantendo a corrupção sob segredo. A vitória do udenismo e a concretização do regime militar tinham, entre seus elementos de legitimação, o combate à corrupção que tomava conta de nossa vida republicana, além, é claro, do combate ao comunismo. Ou seja, a questão da corrupção no Brasil sempre esteve alicerçada no uso ideológico do conceito, o que cria incertezas e um processo de instabilidade.

Na experiência democrática brasileira depois de 1988 houve a superação do problema da governabilidade. O presidente da República hoje consegue produzir maiorias no Congresso Nacional que lhe permitem governar, com razoável autonomia para propor políticas públicas e implementá-las. Construímos, depois de 1988, um presidencialismo forte, bem como sedimentamos uma vida democrática na reprodução dos rituais eleitorais e na centralidade dos partidos políticos no processo de representação política. Isso se deve à estabilidade das regras institucionais, tendo o Brasil alcançado maturidade institucional com a instauração da democracia.

Entretanto, os dados que são apresentados em diferentes pesquisas sobre cultura política apontam um processo dual e controverso a respeito da consolidação da democracia no Brasil. Ao mesmo tempo que o cidadão afirma que a democracia é necessária, na dimensão da representação partidário-eleitoral, ele avalia de forma muito negativa o desempenho dessas instituições. Esse juízo negativo a respeito das instituições cria uma situação de descontentamento derivada de uma percepção comum de que elas são naturalmente corrompidas. A corrupção tornou-se corriqueira na democracia brasileira, muito por conta de sua presença na opinião pública, uma vez que há uma sucessão de escândalos políticos.

O descontentamento dos cidadãos no Brasil em relação às delinquências de nossos homens públicos promove um processo de deslocamento da legitimidade democrática.[4] Temos delegado ao Poder Judiciário o condão para resolver os problemas relativos ao controle da corrupção, especialmente aquela que ocorre na dimensão do Legislativo e do Executivo.

Ora, nessa assertiva, a corrupção no Brasil colabora para o processo de judicialização da política, uma vez que o sistema político brasileiro não tem se mostrado capaz para resolver os problemas relativos às delinquências do homem público. Neste texto, tratamos das consequências desse processo para a democracia no Brasil, na perspectiva da cultura política, de acordo com a questão da judicialização da política. Observamos que a delegação ao Judiciário não necessariamente resolve o problema da corrupção, porque falta uma abordagem sistêmica a respeito dos controles públicos da corrupção no Brasil.

A experiência democrática brasileira e os escândalos de corrupção

A experiência brasileira com a democracia revela que a corrupção se tornou uma espécie de constante, em especial se percebermos como ela atravessa os diferentes governos desde 1988 bem como os três poderes de nossa ordem republicana. A organização do sistema político brasileiro depois de 1988 convive com a presença da corrupção, o que tenciona a legitimidade das instituições e, ao mesmo tempo, impõe processos de inovação institucional, especialmente na dimensão do controle. É curioso percebermos como inovações institucionais importantes, referentes ao controle da corrupção no Brasil, surgiram como respostas a escândalos: a lei de licitações, as mudanças no Tribunal de Contas da União (TCU) por meio da

4. Entendemos por deslocamento da legitimidade democrática o processo a partir do qual os cidadãos apoiam e compreendem a centralidade institucional de organizações ou pessoas. Em nosso argumento, essa noção pretende mostrar como o apoio dos cidadãos, no que diz respeito ao combate à corrupção na política, desloca-se das instituições representativas clássicas, como os partidos e congressos, para as instituições judiciais.

nova lei orgânica e a criação da Controladoria Geral da União (CGU) são exemplos de respostas do sistema político a escândalos de malversação de recursos públicos. Este é o paradoxo da corrupção no Brasil: os escândalos são constantes e impõem inovações institucionais na dimensão do sistema político e da administração pública, porém, a corrupção não diminui, na dimensão de sua percepção.

Os escândalos que assolam a Nova República, portanto, acabaram por reforçar mudanças na máquina administrativa estatal, impostas por um projeto de reforma administrativa gestado no interior do próprio Estado brasileiro. O intuito do projeto foi aprimorar a administração pública para adaptá-la às novas condições do desenvolvimento econômico, a partir do reconhecimento de que a máquina administrativa herdada do regime militar dificultaria o desenvolvimento político e econômico, tornando necessário o aprimoramento burocrático. A máquina administrativa brasileira emperraria o desenvolvimento porque seria lenta, pouco cooperativa e corrompida (Abrucio, 2007). Nesse contexto, as mudanças na máquina seriam essenciais à governabilidade, porquanto uma mudança no controle seria primordial ao desempenho do governo.

O modelo gerencialista adotado nas reformas da administração pública brasileira mudou vários aspectos da gestão, com destaque para a questão do controle. O controle da corrupção no Brasil tem passado por inovações institucionais importantes, em razão do reforço do controle burocrático-administrativo, podendo-se mesmo dizer que, em relação ao controle da corrupção, há hipertrofia do controle burocrático-administrativo diante de outras formas de controle, como as que ocorrem na dimensão do Judiciário e da sociedade civil.[5] Talvez uma das explicações para esse processo esteja presente na própria organização teórica do tema da corrupção, que tem nos processos de institucionalização o elemento-chave para a elucidação conceitual. As principais questões que cercam o estudo da corrupção são a econômica e a funcionalista, tendo em vista o problema da

5. A respeito da questão do controle da corrupção e da tipologia do controle, conferir Filgueiras, Fernando; Avritzer, Leonardo. "Corrupção e controles democráticos no Brasil". In: Cunha, Alexandre dos Santos et al. *Estado, instituições e democracia: República*. Brasília: Ipea, 2010.

institucionalização de regras e procedimentos no mundo público (Filgueiras in Avritzer et al, 2008c).

Os estudos sobre o tema da corrupção podem ser organizados de maneira temporal, de acordo com as diferentes agendas que configuraram sua problematização conceitual, principalmente no contexto do pós-guerra (Johnston, 2005). Em um primeiro momento, o problema da corrupção estaria correlacionado com o problema da modernização, sendo a corrupção compreendida em seus aspectos funcionais para o desenvolvimento econômico e político. Nessa perspectiva, a corrupção seria um fenômeno inerente às sociedades que ainda passariam por processos de mudança, podendo representar custos ou benefícios ao desenvolvimento.[6] Em um segundo momento, a partir da década de 1980, a corrupção passou a ser abordada com base em uma perspectiva econômica e institucionalista, considerando que representaria custos maiores do que eventuais benefícios que pudessem acarretar para o desenvolvimento (Rose-Ackerman, 1999), o que ocasionou avanços no que diz respeito à consideração dos custos da corrupção, por um lado, mas lacunas em relação aos aspectos políticos e sociológicos envolvidos em seu estudo, por outro. A perspectiva institucionalista e vinculada a abordagens econômicas de escolha pública é a agenda dominante, hoje, dos estudos sobre a corrupção.

Ambas as abordagens do tema da corrupção, do ponto de vista da literatura especializada internacional, carecem de um substrato derivado de culturas políticas; tanto a abordagem da teoria da modernização quanto a econômica e institucionalista tendem a afirmar que o combate à corrupção em sociedades periféricas, como o Brasil, ocorre pela importação de modelos institucionais e experiências que se afirmaram em outros contextos.

No Brasil, durante a década de 1990, boa parte das questões que envolviam o combate à corrupção passou pela importação de proposições institucionais e nor-

6. A respeito da literatura que relaciona corrupção e modernização, conferir, especialmente, Huntington, Samuel P. "Modernização e corrupção". In: *A ordem política nas sociedades em mudança*. São Paulo: Edusp; Rio de Janeiro: Forense-Universitária, 1975; e Leff, Nathaniel. "Economic Development through Bureaucratic Corruption". *American Behavioral Scientist*, v. 8, n. 3, 1964.

mativas ditadas por organizações multilaterais como o Banco Mundial e o Fundo Monetário Internacional (FMI). Parcela considerável de tudo o que se propôs para o combate à corrupção no Brasil democrático passou por esse processo de importação institucional, derivado de receituários postos por essas organizações (Schneider in Avritzer, op. cit).

Nesse caso, especialmente o Banco Mundial propôs um modelo claro de compreensão da corrupção, baseado no *World Development Report,* de 1997, que afirmava o problema da corrupção como central à questão do desenvolvimento e a necessidade de mudanças na gestão pública para seu combate. Com essa construção do problema, foi sedimentada a perspectiva hoje hegemônica para o tratamento da questão da corrupção nas democracias, especialmente nos países em desenvolvimento, reveladora do necessário aprimoramento institucional por meio do aprimoramento das máquinas administrativas. O postulado procurou reforçar a questão da governabilidade como central para o desenvolvimento, tendo em vista a proposição de reformas que assegurassem a autonomia do mercado, ensejassem o processo de privatizações e reformassem o aparelho burocrático do Estado com o intuito de aproximá-lo da administração privada por meio das mudanças gerencialistas. A visão comum, nos anos 1990, era de que o Estado seria corrompido por natureza, cabendo um conjunto de mudanças que diminuísse sua presença na vida pública e, ao mesmo tempo, reforçasse a autonomia da administração pública.

O postulado proposto, nesse sentido, era de que o combate à corrupção ocorreria apenas por mudanças na máquina administrativa, de acordo com um modelo mais próximo da administração privada, visando, sobretudo, ao problema da governabilidade (Klitgaard, 1994). O receituário proposto pelas agências multilaterais implicou o reforço do controle burocrático-administrativo sem o reforço concomitante do controle judicial e do controle público não estatal, o qual é exercido na dimensão da sociedade civil. A expansão do controle burocrático-administrativo resultou da criação de agências especializadas e do reforço de órgãos tradicionais de controle, expandindo a maquinaria anticorrupção. Como resultado, percebe-se no Brasil uma disjunção sistêmica dos mecanismos de controle da corrupção, havendo hipertrofia dos controles burocráticos, legislação ultrapassada no que diz respeito ao controle judicial e incipiência do controle público não estatal (Filgueiras; Avritzer, 2010).

Como apontam Anechiarico e Jacobs (1996), com base em um estudo de caso da cidade de Nova York, o controle excessivo da corrupção, na dimensão burocrática, implica a construção de uma lógica de vigilância que inibe as boas iniciativas no setor público. O efeito das políticas anticorrupção em Nova York, balizadas na expansão das atividades de controle e vigilância por parte de agências especializadas, foi ressaltar ainda mais as patologias da burocracia, criando poucos incentivos à cooperação interinstitucional, um processo de decisão lento, a supercentralização e o exercício inadequado da autoridade, uma gerência defensiva e pouco criativa e o desvio em relação aos objetivos do próprio órgão burocrático.

Na experiência democrática brasileira, depois de 1988, ocorreu um processo semelhante ao que Anechiarico e Jacobs descrevem para o caso da cidade de Nova York. As reformas da administração pública brasileira resultaram na criação de controladorias, auditorias e processos de controle sustentados nessa lógica de vigilância burocrática, de modo que a experiência brasileira com o tema da corrupção passou a corresponder à expansão e inovação institucional de controle, tendo a ideia de transparência como princípio normativo. Aprimoramos a máquina administrativa do Estado brasileiro – e precisamos reconhecer que isso significa avanços importantes. Contudo, o postulado de que esse aprimoramento resultaria em menos corrupção proporcionou, ao contrário do previsto, uma lógica de vigilância crescente que inibe a eficiência da gestão pública, por um lado, e perpetua a corrupção pela sucessão de escândalos que chegam à esfera pública, por outro, tendo em vista o crescente desvelamento de casos proporcionado pela atuação dessas agências de controle.

Nesse sentido, a vigilância crescente por parte da máquina administrativa resulta em um desvelamento também crescente da corrupção que atravessa as diferentes estruturas do Estado brasileiro. Se, de um lado, precisamos reconhecer que avançamos no que diz respeito ao aprimoramento da máquina administrativa e do controle burocrático-administrativo, de outro, é preciso perfilhar que a maior transparência e a atuação mais incisiva dos órgãos de controle não resultaram em menos corrupção, mas em um desvelamento constante que afeta a legitimidade do sistema político brasileiro na dimensão da cultura política. O problema da corrupção no Brasil contemporâneo, portanto, não está relacionado apenas à governabilidade do regime democrático, mas ao problema da legitimidade, pois o modo como a corrupção é evidenciada aponta para uma incapacidade sistêmica do Estado para controlá-la. A corrupção revela-se, sobretudo, na disjunção das formas de controle: a crescente autonomia do controle burocrático-administrativo diante do controle judicial e do controle público não estatal gera um processo de divulgação da corrupção, no âmbito do qual o problema da legitimidade depende do modo como ela é absorvida na dimensão da opinião pública. O Brasil, nesse caso, vive um processo semelhante a outras experiências da América Latina, em que as mudanças na máquina administrativa do Estado implicaram uma mudança na natureza da corrupção. Segundo Alfredo Rehren, saímos de uma condição de corrupção *na* democracia para uma condição de corrupção *da* democracia, tendo em vista, sobretudo, o problema da legitimidade (2009, p. 46-59).

O desempenho do controle burocrático-administrativo, realizado pelas agências anticorrupção, não é acompanhado de uma atuação mais incisiva nem por parte do Judiciário brasileiro, nem por parte da sociedade civil, na dimensão do controle público não estatal. A atuação mais contundente dos órgãos de controle burocrático-administrativo tornou a corrupção mais visível à esfera pública, mas disso não resulta a punição dos agentes envolvidos, porquanto o Judiciário atua de forma equivocada na questão do controle judicial e a sociedade civil age timidamente, seja por meio de sua participação em estruturas colegiadas de decisão, com os conselhos de políticas públicas, seja por meio da participação mais forte por fora das instituições estatais.

A referida disjunção das formas de controle público da corrupção, que a torna mais visível, mas não menos incidente, afeta a legitimidade do sistema político brasileiro na dimensão da cultura política, uma vez que cria um contexto de tolerância à corrupção na dimensão dos valores culturais (Filgueiras, 2009). O processo de mudanças organizacionais pelo qual o Brasil vem passando nas últimas décadas deixou de considerar a contento as singularidades institucionais e culturais que se relacionam com a questão da corrupção de maneira muito mais ampla do que o proposto. O tratamento dispensado ao fenômeno da corrupção não incorporou, satisfatoriamente, os diferentes aspectos que estão relacionados ao conceito, criando uma visão reducionista ligada apenas aos seus âmbitos puramente monetários e contábeis. A corrupção, na verdade, só pode ser explicada na dimensão dos valores políticos. Fato que demanda um esforço teórico com o objetivo de discorrer de modo mais abrangente sobre a questão política, social, cultural e econômica que cerca o conceito de corrupção. Justamente pelo fato de o conceito de corrupção ter essa plasticidade, ele se relaciona com diferentes aspectos e conteúdos substantivos que dificultam uma medição empírica mais clara, demandando, dessa maneira, uma análise sistêmica mais abrangente da corrupção na sociedade, principalmente na dimensão de seu controle (Filgueiras, 2008a).

Desse modo, é fundamental percebermos a questão da corrupção no Brasil democrático como parte da legitimidade e não apenas na da governabilidade. Isto implica reconhecermos que a corrupção não afeta apenas a máquina administrativa e os recursos públicos, mas também o regime democrático em seu conjunto, tendo em vista a questão dos valores políticos e o modo de acordo com o qual os cidadãos julgam instituições e práticas políticas. A ampliação da vigilância resulta em uma desocultação crescente da corrupção pela maior transparência. Contudo, torna a corrupção mais presente no imaginário da cultura política brasileira, como atesta o gráfico a seguir:

Gráfico 1: Percepção da evolução da corrupção nos últimos cinco anos (%)[7]

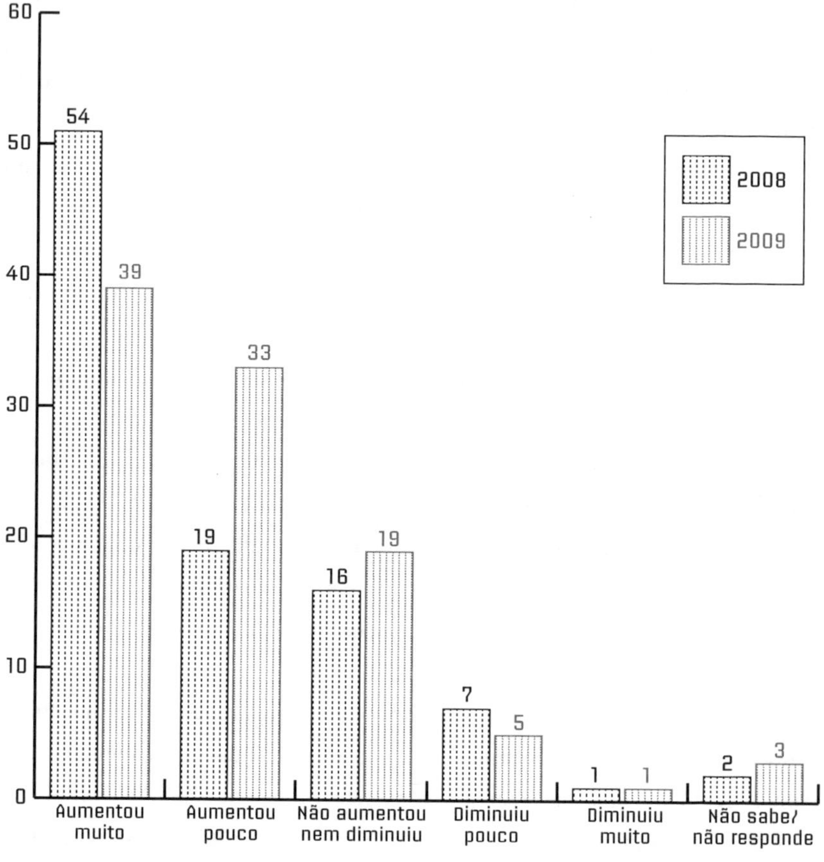

7. Os dados que são apresentados neste gráfico e nos seguintes baseiam-se na pesquisa "Corrupção e Interesse Público", realizada pelo Centro de Referência do Interesse Público (Crip) da Universidade Federal de Minas Gerais (UFMG), em parceria com o Instituto Vox Populi. A pesquisa é fundamentada no método de *survey*, tendo sido aplicado a uma amostra da população brasileira um questionário estruturado. A amostra foi composta por 2.400 indivíduos, estratificada por situação de domicílio, gênero, idade, escolaridade, renda familiar e situação perante o trabalho. O processo de estratificação é calculado proporcionalmente de acordo com os dados do Censo Demográfico do IBGE, ano 2000, e pela Pesquisa Nacional por Amostragem de Domicílio, ano 2006. A amostra proporciona um intervalo de confiança de 95% e uma margem de erro calculada em 2%.

A desocultação crescente da corrupção no Brasil democrático, com uma atuação mais incisiva dos órgãos de controle burocrático-administrativo, resulta em uma percepção crescente da corrupção, o que se deve a uma sucessão de escândalos pautados pela mídia. Quando a corrupção é desvelada pelos órgãos de controle, com base em uma vigilância crescente, transparecem as patologias da própria administração pública brasileira, criando dificuldades para a efetividade da gestão na dimensão da sociedade. Precisamos considerar a presença da mídia como ator importante na compreensão da corrupção no Brasil e o modo como ela pauta a opinião pública, pois a maior vigilância sobre a corrupção transfere à esfera pública uma forma de julgamento da ação política. Dessa maneira, importa compreender o modo como a corrupção é absorvida na dimensão da opinião pública. Observa-se que há uma avaliação positiva da opinião pública brasileira em relação à atuação da mídia na apuração dos escândalos de corrupção.

Como mostra o gráfico 2, a opinião pública revela o modo como a mídia é um ator importante no processo de desvelamento da corrupção no Brasil, na medida em que ela pauta o modo como a questão da corrupção vai ser absorvida na dimensão da esfera pública, fazendo com que a corrupção saia do aspecto institucional e organizacional da administração pública e se torne um problema de opinião pública. Como tal, a corrupção torna-se um escândalo, o qual toma forma de um discurso legitimado por parte da audiência da opinião pública, ditado pela mídia. Importa ao escândalo político o problema da reputação dos envolvidos, de modo que o problema da corrupção deixa de ser uma questão de instituições e regras e torna-se um problema simbólico, afeito mais ao moralismo das elites políticas. No caso brasileiro, a face visível da corrupção é aquela que se desoculta pela lógica dos escândalos, sendo a mídia fundamental na construção da opinião pública sobre a corrupção. Ou seja, o problema da corrupção no Brasil é fortemente pautado pela mídia, o que torna a administração pública e o sistema político vítimas primeiras dos escândalos.

Gráfico 2: A atenção da mídia aos escândalos de corrupção [%]

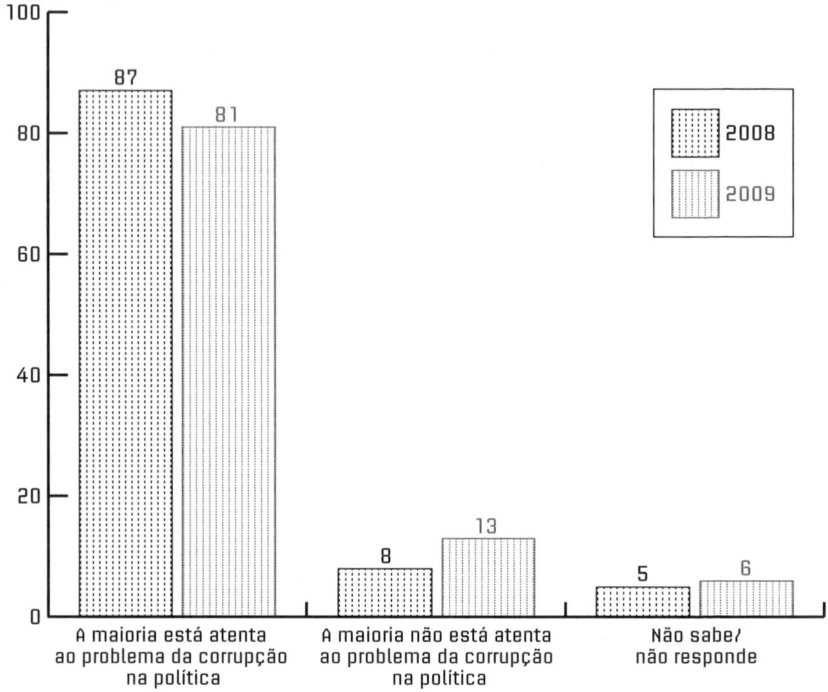

O aumento da vigilância e a permanência dos escândalos de corrupção na opinião pública alimentam um moralismo das elites políticas e uma percepção que vê o Estado como o espaço natural dos vícios. A ampliação da vigilância por meio das inovações institucionais no Brasil resultou em uma cultura política que percebe a corrupção como um mal do Estado. Nesse sentido, a corrupção naturaliza-se na dimensão da política, havendo um fraco sentido de representação. A corrupção reifica-se em uma opinião pública de enorme desconfiança com relação às instituições democráticas. O controle da corrupção, portanto, demanda mais do que a melhoria da máquina administrativa, reclama um processo sistêmico que integre o controle burocrático-administrativo às dimensões do controle judicial e do controle público não estatal (Filgueiras; Avritzer, 2010).

A cultura da desconfiança revela que a corrupção afeta não apenas a questão econômica e a máquina administrativa do Estado, mas a adesão dos cidadãos às instituições democráticas (Moisés, 2008, p. 11-43). Ou seja, a desconfiança opera com a baixa adesão dos cidadãos às instituições democráticas, porquanto, o cidadão não perceba nelas um fórum político para a persecução do interesse público, mas um espaço privado sujeito à busca de vantagens. Mesmo que não seja uma medida direta de desconfiança, quando se pergunta se detentores de altos cargos no governo aceitariam ou não entrar em um esquema de corrupção, é alto o indicador de respostas positivas, como mostra o gráfico 3, permitindo discorrer sobre o modo desconfiado pelo qual a sociedade avalia a atuação dos políticos e dos burocratas.

Gráfico 3: Percepção sobre os altos cargos do governo brasileiro e sua relação com a corrupção (%)

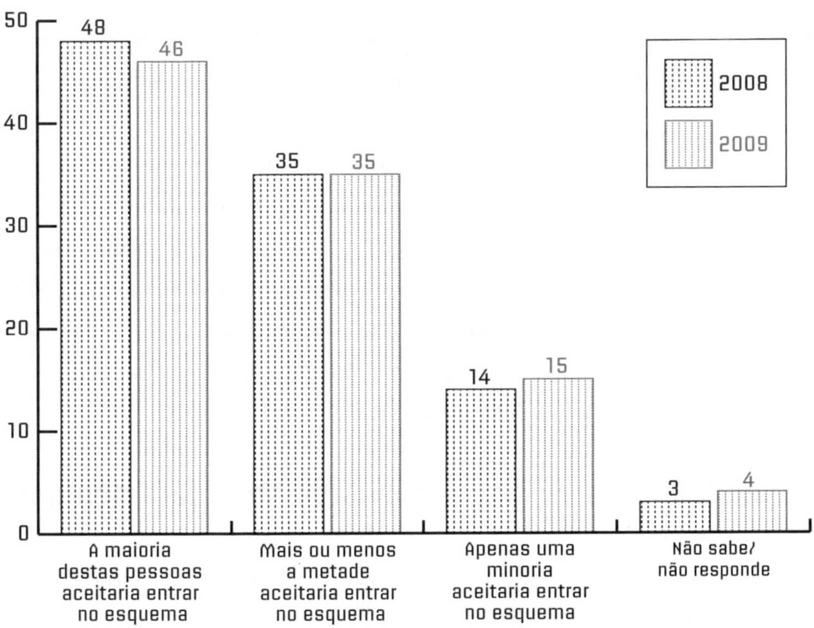

A cultura de desconfiança com relação às instituições, que impera no Brasil democrático, torna o problema da corrupção não algo ligado à governabilidade, mas à legitimidade. A questão da governabilidade no Brasil democrático foi sanada na dimensão do presidencialismo de coalizão (Limongi, 2006, p. 17-41). Porém, esse tipo de organização institucional gera graves prejuízos à construção da legitimidade democrática, tendo em vista uma corrupção sistêmica que afeta, sobretudo, a cultura política. Exemplo disso são os casos Collor, dos anões do orçamento e, mais recentemente, do mensalão, além de outros escândalos que pautam negativamente a opinião pública sobre a política. Dessa forma, é fundamental compreender o modo como a corrupção é tratada na esfera pública e de que forma ela se converte em um problema de opinião pública, no país. No caso brasileiro, proporcionamos mudanças institucionais parciais, que se concentraram, sobretudo, na dimensão da máquina administrativa do Estado, ao passo que avançamos pouco na questão do controle judicial e no papel da sociedade civil nos processos de controle da corrupção (Filgueiras; Avritzer, op. cit.). Essa disjunção resultou no fato de que o modo como a corrupção é percebida no Brasil afeta diretamente o governo democrático, não em sua capacidade de governar, mas em sua legitimidade.

Podemos afirmar que a consequência da corrupção no Brasil democrático é promover um deslocamento da legitimidade democrática, fazendo com que a democracia passe da dimensão do político para a dimensão do jurídico. Isso decorre do modo como a corrupção é pautada negativamente pela opinião pública e pela disjunção dos mecanismos de controle no âmbito do Estado brasileiro, que proporcionam um processo de delegação ao Judiciário do papel de correção das delinquências praticadas na vida pública.

Os deslocamentos da legitimidade da ordem democrática no Brasil

A corrupção, de modo geral, não representa apenas danos ao erário público. O alcance da questão da corrupção é muito maior do que apenas a questão monetária e a questão da máquina administrativa do Estado e dos governos. Como mostramos anteriormente, ela tem um aspecto ligado à cultura política, especialmente se associarmos a isso o modo de acordo com o qual o controle público da corrupção tem sido exercido no Brasil democrático. Na experiência democrática brasileira, o problema central da corrupção, a nosso ver, é o modo como tem sido desocultada e absorvida na dimensão da opinião pública: há uma política do escândalo permanente, em que a ideia de transparência não resulta em maior controle da corrupção, mas em um processo de desvelamento das patologias institucionais que prejudica a legitimidade da ordem democrática. É grande, no país, a desconfiança em relação às instituições políticas, em especial às instituições representativas.

No caso brasileiro, a maior vítima da corrupção tem sido os Legislativos, nos três níveis da Federação. O cidadão brasileiro percebe a corrupção muito mais presente nas Câmaras de Vereadores, na Câmara dos Deputados e no Senado Federal. No gráfico a seguir, expomos uma medida de presença de corrupção em diferentes ambientes institucionais e categorias sociais. Nesse caso, foi pedido ao entrevistado que desse uma indicação de grau para a presença da corrupção nos ambientes, variando entre 0, para nenhuma corrupção, e 10, para muita corrupção. O resultado é uma análise das médias de valores atribuídos.

Gráfico 4: A presença da corrupção em ambientes institucionais e sociais

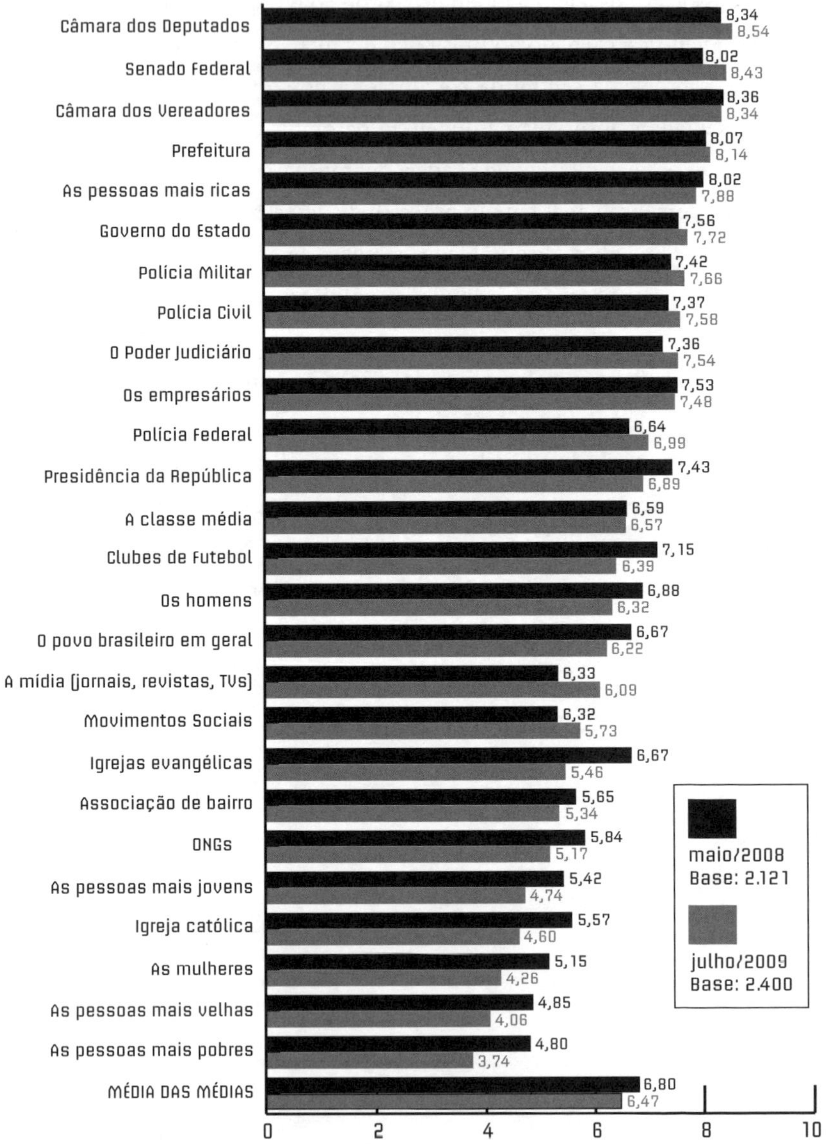

A corrupção no Brasil democrático é mais percebida na dimensão das instituições que tenham natureza representativa e pública, em especial os Legislativos. Interessante observar no gráfico anterior o modo como os ambientes institucionais que estão acima da média de notas atribuídas tenham natureza pública e vinculada ao Estado, exceto o caso das pessoas mais ricas e dos empresários. A corrupção, do modo como é controlada, afeta mais as instituições públicas e representativas, tornando-as, na dimensão da opinião pública, o local dos vícios. O resultado do primado do controle burocrático-administrativo é ampliar a autonomia da máquina administrativa e de sua legitimidade auferida como representante do interesse social, em detrimento da representação democrática. Ou seja, a corrupção, no Brasil, é mais visível nas instituições representativas, cuja legitimidade deriva das urnas, do que na máquina administrativa e no espaço privado, sendo o Estado o personagem central desse processo. Interessante observar no gráfico a seguir, extraído dos dados da pesquisa "A desconfiança dos cidadãos nas instituições democráticas", realizada em 2006, em parceria, pelo Núcleo de Pesquisas de Políticas Públicas (Nupps), da Universidade de São Paulo, e pelo Centro de Estudos de Opinião Pública (Cesop), da Universidade de Campinas, como as instituições representativas são vistas com enorme desconfiança pela cidadania e como a atuação delas é avaliada. Nota-se, sobretudo, a posição ruim do Congresso e dos partidos políticos. Interessante observar também que a Justiça é vista com menor desconfiança e tem uma atuação melhor avaliada do que as instituições representativas.

Gráfico 5: A desconfiança nas instituições e a avaliação de sua atuação (%)

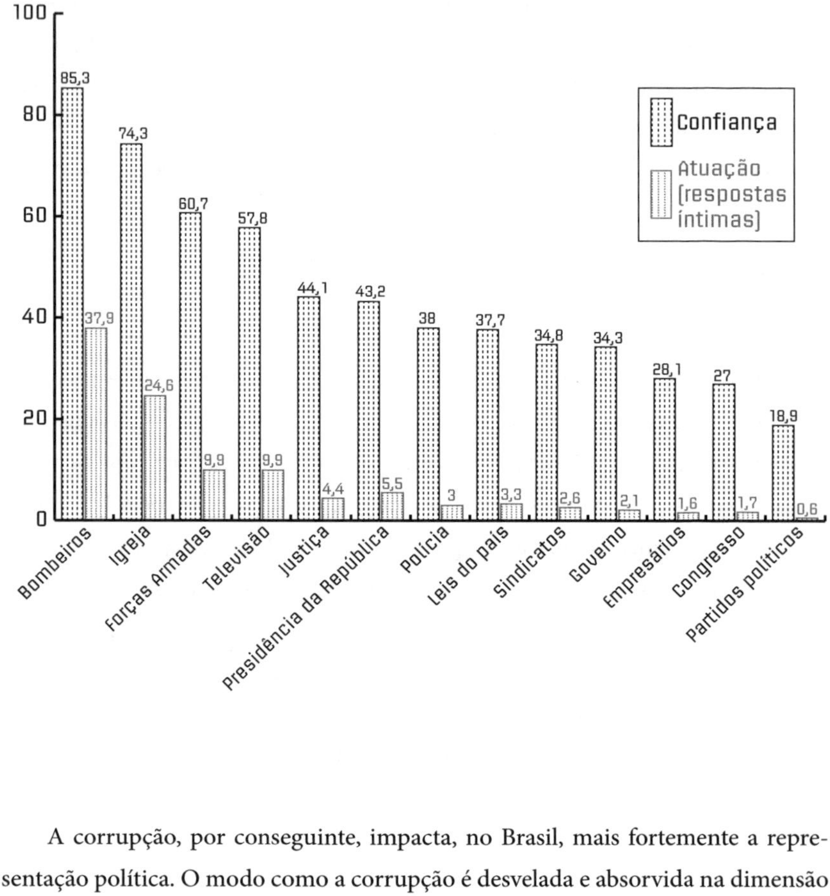

A corrupção, por conseguinte, impacta, no Brasil, mais fortemente a representação política. O modo como a corrupção é desvelada e absorvida na dimensão da opinião pública influencia o nível de desconfiança em relação às instituições representativas e públicas – em especial os Legislativos, tomados como o *locus* do vício. O resultado desse processo é a criação de um descontentamento da cidadania com relação às instituições representativas. Ora, se nas democracias a avaliação dos cidadãos importa, cabe perceber que o descontentamento com as instituições representativas – em particular o Congresso Nacional e os partidos políticos – implica a legitimidade do regime democrático no Brasil não ser assegurada na dimensão da representação eleitoral e partidária. A corrupção na democracia brasileira é mais percebida nessas instituições, o que permite inferir que a manutenção do regime democrático e a adesão dos cidadãos à democracia não depende da atuação da representação política, mas de um deslocamento da legitimidade em direção a outras dimensões do Estado, em particular a atuação do Poder Executivo e a atuação do Poder Judiciário. Comparada com a atuação do Poder Legislativo, a atuação do Poder Executivo e do Poder Judiciário indica, na dimensão da opinião pública, menor presença da corrupção e uma avaliação mais positiva. Nesse caso, mais do que a atuação do Poder Executivo, que, no Brasil, sempre foi mais incisiva e presente historicamente na cultura política,[8] merece destaque a atuação do Poder Judiciário.

O descontentamento dos cidadãos brasileiros com as instituições representativas espelha um processo comum nas democracias ocidentais, em que a legitimidade democrática passa por um processo de descentramento em relação às instituições representativas clássicas, delimitadas pelo processo eleitoral. De acordo com Pierre Rosanvallon, a legitimidade das democracias ocidentais tem sido construída a partir da superação da ficção fundadora da representação pela via eleitoral e pela superação da legitimidade configurada pela presença das burocracias na vida pública. O processo configura, segundo o autor, uma nova era da legitimidade democrática, conformada, sobretudo, por uma gramática das instituições democráticas definida pelos direitos e pela atuação do Poder Judiciário, particularmente na dimensão das cortes constitucionais. Um novo dualismo democrático é formado: atuação ruim das instituições representativas fundadas pelo processo eleitoral, de um lado, e atuação das instituições da democracia indireta, que fundam um tipo de legitimidade por proximidade, de outro (2008).

8. A tradição política brasileira tende a reforçar o papel de autoridade do Executivo diante dos processos de representação de interesses e deliberação no Legislativo. A esse respeito, conferir Boschi e Lima. "O Executivo e a construção do Estado no Brasil". In: Vianna, Luiz Werneck, Vianna (org.). *A democracia e os três poderes no Brasil.* Belo Horizonte: Editora UFMG; Rio de Janeiro: Iuperj/ Faaperj, 2002.

O processo descrito por Rosanvallon, por conseguinte, reflete o impacto da corrupção na cultura política brasileira. Uma vez que a corrupção é mais percebida nas instituições representativas, o centro da legitimidade democrática no Brasil desloca-se em direção ao Judiciário, que não tem sua legitimidade derivada da vontade geral, mas de uma gramática corporativista circunscrita a uma ideia vaga de interesse social. A corrupção, portanto, colabora, e muito, para criar no Brasil o que a literatura em Ciência Política convencionou chamar de judicialização da política. É evidente que a corrupção, por si mesma, não implica o processo de judicialização da política no Brasil. Porém, ela é um elemento central para a compreensão desse deslocamento do centro da legitimidade democrática que ocorre na dimensão dos três poderes.

O fenômeno da judicialização da política desafia os limites entre as funções legislativas e judiciais do Estado, tendo em vista um fenômeno típico do século XX, associado à derrocada do formalismo jurídico e à introdução de um ideal de justiça na ordem constitucional. Os dois elementos alçaram o Judiciário à posição de guardião dos cidadãos e da sociedade em geral contra possíveis abusos do poder político e também de protetor dos direitos difusos e coletivos, tendo em vista a fluidez, a vagueza e a natureza programática de tais interesses, a demandar uma inevitável atuação criativa dos juízes (Cappelletti, 1993). Nesse sentido, a judicialização é parte de um processo de mudança social que passa pelo enfraquecimento do Estado causado pelo mercado e pela ruína simbólica da sociedade democrática. A judicialização, segundo Garapon (1999), tem entre suas causas a juridificação das relações sociais efetuada, em boa medida, pelo mundo político, de sorte que a justiça destitui a autoridade tradicional, transformando-se em símbolo da moralidade pública e da dignidade democrática.

O problema da judicialização e as interrogações que ela gera para as sociedades democráticas contemporâneas estão no fato de se reconhecer os tribunais – em especial as Cortes Constitucionais – como instituições essencialmente políticas, em grande medida pelos profundos efeitos que a jurisdição constitucional pode exercer sobre políticas públicas, preferências majoritárias e valores sociais.

À interferência do Poder Judiciário em questões eminentemente políticas subjazem análises teóricas acerca da relação entre Política e Direito. Tate e Valinder (1997) tratam das causas de expansão do Poder Judiciário na primeira metade da década de 1990 e conceituam a judicialização como um processo duplo, que envolve: (1) a ampliação do poder de decisão, para executar e criar leis, do sistema Judiciário; e (2) a adoção, pelos outros poderes, de procedimentos típicos da lógica judicial, como Comissões Parlamentares de Inquérito (CPI) pelo Legislativo e tribunais ou juízes administrativos pelo Executivo.

Costumam-se apontar como componentes do conceito: (1) a estrutura institucional propícia à judicialização da política, particularmente a existência de instrumentos institucionais para o ajuizamento de ações que visem a reverter ou postergar perdas políticas ou que possam imprimir decisões judiciais a questões políticas não decididas; (2) o acionamento do Judiciário por atores interessados – organizações da sociedade civil, partidos políticos, oposição, pessoas físicas –, fenômeno frequentemente tratado pelo conceito de politização da justiça; (3) a inclinação dos juízes a decidirem efetivamente os processos apresentados, manifestando preferências por políticas públicas, comumente identificado por ativismo judicial.[9]

Analisando o caso brasileiro, Luiz Werneck Vianna associa o fato de os juízes e tribunais ocuparem de forma crescente, desde a década de 1970, lugares tradicionalmente reservados às instituições políticas. Isso ocorre em função das profundas transformações que têm origem no segundo pós-guerra, em especial pela introdução de um "núcleo dogmático" explicitador dos valores fundamentais a obrigar o poder soberano, nos textos constitucionais. Ademais, na esteira da guerra, o *welfare state* traria o direito para o centro da vida social, de sorte que sua legislação surgiria com a vocação de "[...] regular o futuro a partir do tempo presente, contrariamente ao cânon classicamente liberal, orientado, em nome

9. Há divergência acerca da inclusão da variável motivacional (ativismo judicial) para a análise do fenômeno da judicialização.

do princípio da certeza jurídica, pelo tempo passado". O processo de regulação crescente, via Direito, resultaria em uma natureza aberta, indeterminada e programática da legislação, tornando a interpretação jurídica fundamental à vida das democracias (Vianna, 2007, p. 39-85).

Assim como nos preâmbulos e nas declarações dos direitos fundamentais de muitas constituições do pós-guerra, também naquelas que sucederam os regimes autoritários - como a do Brasil - foram impostos princípios normativos de legitimidade absoluta como fonte obrigatória de limitação de todo o direito positivo e do Estado. Assim, generalizou-se a experiência do constitucionalismo democrático no Brasil, uma vez que o direito público passaria a internalizar uma concepção de justo. A incorporação dos ideais de justiça pelo constitucionalismo moderno, ainda que careça de eficácia normativa, cumpre papel simbólico, produzindo informações para o sistema político e legitimando, pela explicitação dos fundamentos da ordem jurídica, valores, expectativas e comportamentos. Ou seja, a legislação simbólica exprimiria um sentido promocional prospectivo da cidadania, que supõe uma liberdade positiva, cujo exercício se remete a um tempo futuro, na medida em que se trata de um princípio a ser realizado. O reconhecimento constitucional da exigência de implementação dos direitos fundacionais e sociais, provenientes de sua natureza prospectiva, legitima a desneutralização da função do Poder Judiciário, a quem cumpre, agora, examinar se o exercício do poder de legislar conduz à concretização dos resultados objetivados (Ferraz Jr., 2007).

No Brasil, a Constituição da República de 1988 deslocou a cultura jurídica marcada pelo positivismo, de caráter privatista. Esse deslocamento ensejou a ampliação da concepção dos direitos fundamentais, concebidos como afirmações de princípios que constituem programas de ação, os quais especificam objetivos que implicam o dever de ação do Estado, cuja efetivação é de autoria do círculo de intérpretes na esfera judicial. Esse círculo efetiva os direitos por meio de um amplo processo hermenêutico, o qual busca dar "densidade e corporificação aos princípios abstratamente configurados na Constituição" (Cittadino, 2000, p. 39).

O novo cenário institucional não seria contrário à política democrática, mas estaria em consonância com ela, tendo se aberto no Judiciário um novo espaço público. O Judiciário, concebido como novo espaço público, ampliou o exercício de uma "soberania complexa", a qual combina a representação política com a representação funcional. A combinação ocorre a partir de duas dimensões da defesa da cidadania: uma política - exercida pelos representantes eleitos com base nos procedimentos democráticos - e uma funcional - exercida pela comunidade de intérpretes do Direito, composta inclusive pelos agentes judiciais legitimados pela Constituição (Vianna, op. cit.).

Na experiência brasileira com a democracia, desde 1988, percebe-se uma constante dos escândalos de corrupção e o processo de descentramento da legitimidade democrática que contribui para a judicialização da política. A presença da corrupção, especialmente nos Legislativos, contribui para a delegação ao Poder Judiciário, fomentando um discurso marcado pela defesa do interesse social, em detrimento da representação política. A recente atuação do Tribunal Superior Eleitoral (TSE) na regulamentação da vida partidária e eleitoral brasileira contra a corrupção praticada no sistema de financiamento de campanhas atesta esse processo. No caso, não cabe pensar a judicialização apenas na dimensão do Judiciário: é fundamental percebermos a atuação do Ministério Público e a centralidade que ele assumiu no Brasil como representante funcional do interesse social. Por conseguinte, a judicialização não deve ser compreendida apenas como um processo de inovação institucional derivado da centralidade dos direitos, mas de descentramento, como aponta Rosanvallon, da legitimidade democrática. No Brasil, o descontentamento dos cidadãos com as instituições representativas e eleitorais implica esse descentramento da legitimidade democrática, transferindo ao Judiciário a tarefa, entre outras, de resolver o problema das delinquências do homem público brasileiro, sendo o Judiciário, a todo instante, provocado pelo Ministério Público.

Dessa forma, a judicialização não pode ser compreendida apenas pela atuação do Judiciário, mas também por uma atuação incisiva do Ministério Público como intérprete do Direito e controlador da ação do Estado, representante funcional do interesse social. Portanto, a judicialização não é apenas um conjunto de inovações institucionais do Judiciário, mas um deslocamento do centro da legitimidade democrática do político - tendo em vista a representação eleitoral - para o jurídico - tendo em vista a atuação do Judiciário, do Ministério Público e a mobilização da comunidade dos intérpretes da Constituição. Mas o processo não é livre de contradições, no que diz respeito, em particular, ao controle da corrupção. No caso do Brasil, o descontentamento dos cidadãos com as instituições representativas provoca esse deslocamento em direção à esfera judicial, uma vez que elas são vistas, na dimensão da opinião pública, como instituições corrompidas e têm a atuação mal avaliada.

A opção pela pena e a criminalização da política democrática brasileira

No Brasil, desde 1988, a política tem sido pautada pelo postulado do aprimoramento da máquina administrativa do Estado. Nesse caso, merece destaque a emergência do artigo 37 da Constituição Federal, que trouxe a público os princípios da moralidade administrativa e da publicidade. Toda a arquitetura das mudanças burocráticas então implementada no Brasil democrático está alicerçada na existência desses princípios, que não expressam necessariamente regras de conduta, mas planos de ação pública, sendo concebidos, portanto, como horizontes normativos que dirigem as transformações do Estado.

Como apontamos anteriormente, houve no Brasil pós-1988 uma série de inovações institucionais no controle da corrupção. Elas privilegiaram o controle administrativo-burocrático, tendo em vista a atuação de agências anticorrupção, mudanças de regras institucionais e a consolidação de um novo tipo de organização da máquina administrativa. O postulado, como já afirmou-se, é de que o controle da corrupção surge pelo aprimoramento da máquina administrativa. O postulado assume a forma de uma estrutura epistemológica que atravessa as Ciências Sociais do Brasil contemporâneo, principalmente no que diz respeito à questão da governabilidade e os desafios relacionados a ela no processo de engenharia institucional derivado da constitucionalização brasileira.

Contudo, o aprimoramento institucional da máquina administrativa não foi acompanhado de mudanças na legislação, no que se refere ao controle judicial, bem como de uma atuação mais incisiva da sociedade civil nos processos de controle público da corrupção. Como resultado, a legitimidade política foi descentrada do processo político da representação a favor de elementos da democracia indireta, em que a representação não é concebida na dimensão dos interesses emanados democraticamente, mas no aspecto funcional de representação do interesse social, especialmente no que tange à lógica corporativista da atuação dos funcionários do Estado. Dessa maneira, o artigo 37 da Constituição Federal, especialmente no que diz respeito aos princípios da moralidade administrativa e da publicidade, estabelece ao Judiciário brasileiro papel central na construção dos controles públicos da corrupção.

A administração pública no Brasil pós-1988 conseguiu relativa autonomia nos controles burocráticos da corrupção, mas sua atuação demanda uma atuação do Poder Judiciário como intérprete dos princípios constitucionais da moralidade administrativa e da publicidade. Além de termos de considerar o fato de que o Judiciário brasileiro pode reformar decisões de natureza administrativa do Estado, particularmente aquelas tomadas na dimensão do Poder Executivo, é impossível não percebermos que sua função constitucional de guardião da Constituição impõe sua atuação como intérprete da moralidade administrativa, devendo pronunciar-se a respeito da questão da corrupção. Apesar da autonomia da máquina administrativa conquistada com as reformas que foram emanadas dentro do próprio Estado, é fato que o Judiciário deve pronunciar-se a respeito da corrupção do sistema político no Brasil. A opção do constituinte por constitucionalizar a administração pública delegou ao Judiciário brasileiro papel central no controle público da corrupção praticada no interior do sistema político e no interior da máquina administrativa do Estado.

Além desse fator, precisamos considerar também a autonomia do Ministério Público, conquistada com a Constituição de 1988. Se ao Judiciário cabe a última palavra sobre o que é moralidade administrativa e o que não é, cabe ao Ministério Público o papel de representante funcional do interesse social, incumbindo-lhe, por conseguinte, um papel de controle da ação estatal e principalmente das delinquências realizadas pelos homens públicos. É impossível, portanto, compreender a questão do controle da corrupção no Brasil sem entendermos a atuação do Ministério Público e sua enorme influência sobre a jurisprudência hoje estabelecida no Judiciário. Por conseguinte, é impossível compreender o processo de judicialização da política sem refletir a respeito da atuação do Ministério Público no reforço desse processo de descentramento da legitimidade democrática. Apesar da autonomia do controle burocrático-administrativo da corrupção, não se pode entender a questão do controle público sem a atuação de promotores e procuradores. Aos membros do Ministério Público cabe construir denúncias e apresentar processos ao Judiciário para resolver problemas, entre outros, relacionados à moralidade administrativa. Nesse sentido, institutos como o da ação civil pública, os termos de ajustamento de condutas e os processos criminais servem ao controle judicial da corrupção no Brasil. Ora, a corrupção colabora para o processo de judicialização da política no Brasil porque o Judiciário tem o dever constitucional de revisar decisões administrativas e se pronunciar frente às denúncias proferidas pelo Ministério Público, tendo em vista seu papel de guardião do interesse social e o princípio constitucional da moralidade administrativa.

No caso brasileiro, muitas das esperanças de controle da corrupção têm sido exercidas, portanto, na dimensão do Judiciário. Cabe à questão da corrupção no Brasil democrático o que Antoine Garapon nomeou como opção pela pena. A crescente presença da corrupção por meio de uma sucessão de escândalos midiáticos dá ao Judiciário o poder simbólico de guardião da moralidade pública. Esse deslocamento da legitimidade a que nos referimos tem a ver com esse processo simbólico de delegação aos juízes de proferimento dos valores públicos da moralidade, especialmente na dimensão administrativa do Estado. A corrupção promove esse processo de deslocamento da autoridade democrática em direção ao Judiciário. Mas esse processo, de acordo com o autor, não passa imune a problemas constitutivos e práticos de atuação moralista de juízes e procuradores, tendo em vista a judicialização da política (Garapon, op. cit., p. 67). Dos problemas citados pelo autor, merece destaque o fortalecimento de uma concepção punitiva na democracia, inclusive da própria política democrática.

No caso do Brasil democrático, o Ministério Público tem atuado no sentido de reforçar o controle da corrupção especialmente na esfera criminal. Como aponta Rogério Arantes, a atuação do Ministério Público como representante do interesse social e no controle da corrupção tem se pautado, sobretudo, pela interpretação da corrupção com base nas leis penais, destacando-se os artigos referentes aos crimes contra a administração pública do Código Penal e a lei 9.034/1995, referente ao crime organizado. Segundo Arantes, desde o escândalo da Máfia das Propinas, na cidade de São Paulo, em 1999, o Ministério Público tem pautado sua interpretação da corrupção com base na questão do crime organizado (in Sadek, 2000). O motivo, segundo Arantes, é os institutos relativos ao controle da corrupção, na dimensão civil, serem pouco eficientes no que diz respeito à penalização da corrupção. De acordo com a interpretação de vários membros do Ministério Público paulista, como aponta Arantes, o controle da corrupção na esfera criminal, tomando a ideia de organizações criminosas, traria a oportunidade de maior punibilidade da corrupção exercida no sistema político brasileiro.

De fato, a interpretação tornou-se hoje hegemônica dentro do Ministério Público, o que, por sua vez, carrega ao Judiciário brasileiro a uniformização de uma jurisprudência sobre os crimes contra a administração pública focados na questão do crime organizado. O melhor exemplo da assertiva é o destaque que a mídia deu ao acatamento das denúncias apresentadas no caso do mensalão. Como denunciou a Procuradoria Geral da República e acatou o ministro Joaquim Barbosa, do Supremo Tribunal Federal e egresso do Ministério Público, o caso do mensalão representa uma "sofisticada organização criminosa, dividida em setores de atuação, que se estruturou profissionalmente para a prática de crimes como peculato, lavagem de dinheiro, corrupção ativa, gestão fraudulenta, além das mais diversas formas de fraude".[10] Essa interpretação da corrupção, na dimensão do controle judicial, tem sido produzida pelo Ministério Público e acatada no interior do Judiciário brasileiro. Soma-se a isso a atuação da Polícia Federal, a quem cabe coibir a atuação do crime organizado no Brasil e mobilizar-se para desvelar, de forma espetacular, diversos esquemas de corrupção.

Como resultado desse processo o controle judicial da corrupção privilegia a dimensão penal, acarretando com isso um descompasso com relação à atuação do controle burocrático-administrativo. Associada a uma alimentação constante da política do escândalo no Brasil, a atuação das instituições relacionadas ao controle judicial da corrupção privilegia o tratamento penal da corrupção e produz uma cultura política marcada pela pena. O desvelamento da corrupção por parte do controle burocrático-administrativo, de um lado, e a alimentação dos escândalos praticada na dimensão do controle judicial, por outro, produzem uma cultura política que clama por penas mais duras. É o que Garapon chama de opção pelo penal, uma das consequências da judicialização da política.[11] O próximo gráfico espelha o modo quase consensual que a opinião pública no Brasil considera a necessidade de penas mais duras para a corrupção.

10. Inquérito 2.245 da Procuradoria Geral da República, apresentado ao Supremo Tribunal Federal, sob relatoria do ministro Joaquim Barbosa.

11. A opção pelo penal, de acordo com Garapon, é a consequência do processo de judicialização e de uma sociedade de litigantes. O resultado, segundo o autor, é a criação de uma jurisdição das emoções, de uma irracionalidade do legislador e uma percepção intimista de justiça, tendo em vista o modo como os processos são instruídos pela mídia, fragilizando os termos da racionalidade judicial criada na modernidade.

Gráfico 6: O que falta no Brasil são leis que endureçam as penas contra a corrupção (%)

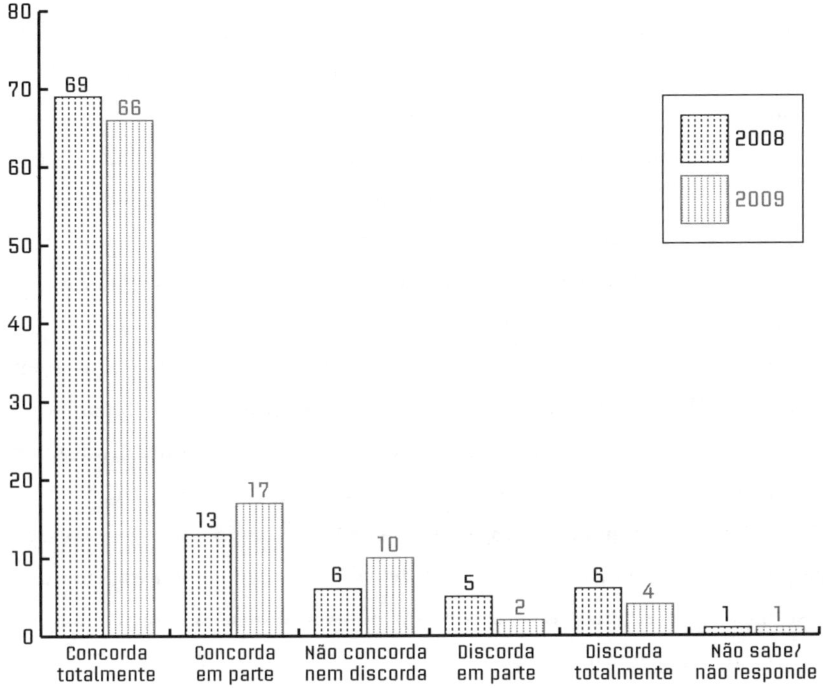

A judicialização da política e a questão do controle da corrupção no Brasil implicam a construção de uma cultura política punitiva, que opta, claramente, pelo penal. O processo é pautado pela interpretação que o Ministério Público dá à corrupção, pelo modo como Judiciário a transforma em jurisprudência e o modo como a opinião pública absorve esse processo na formação da cultura política do Brasil pós-1988. A principal consequência da corrupção no Brasil democrático é a produção de uma criminalização gradativa da política democrática, especialmente se considerarmos a atuação dos partidos políticos e dos políticos como atuação de organizações criminosas. A criminalização da política produz todo o processo de descontentamento da cidadania em relação às instituições políticas, como citado anteriormente. A resultante da triangulação entre a crescente autonomia burocrática na questão do controle, o processo de judicialização da política e a sucessão de escândalos de corrupção pautados pela mídia é a produção de um descontentamento generalizado com a representação. No Brasil democrático, a política é matéria de página policial.

Curiosamente, o processo também é alimentado pelo Congresso Nacional, por meio das Comissões Parlamentares de Inquérito (CPI). Tal como na interpretação da corrupção criada pelo Ministério Público, pela lei do crime organizado, as CPI também privilegiam a gramática criminal nos relatórios produzidos que envolvem o controle da corrupção. A motivação não é conhecida, o que demanda estudo aprofundado sobre a temática. Talvez ela esteja no fato de que os relatórios devem ser apresentados ao Ministério Público para a formulação de denúncia, ou ao fato de que a interpretação, por estar arraigada na cultura política, aproxima as atividades dessas comissões da opinião pública. Dada a natureza institucional das CPI, que dá poder de polícia, a judicialização da política contribui para um processo de tribunalização da política, em que as instituições representativas se apropriam de procedimentos característicos do Judiciário (Filgueiras in Avritzer, 2008b).

Mas o processo de criminalização da política no Brasil não é livre de contradições. O controle da corrupção no Brasil democrático tem produzido um paradoxo. Hoje, temos instituições na dimensão do controle burocrático-administrativo mais atuantes e que desvelam a corrupção. Temos um Ministério Público mais ativo, que conclama a punição de atos corruptos. Contudo, ao mesmo tempo, a percepção da corrupção não diminui, mantendo as instituições democráticas sujeitas à profunda desconfiança do cidadão comum. Esse processo decorre de uma percepção da impunidade da corrupção no Brasil que reforça não somente a opção pelo penal, em que o cidadão reclama por penas mais duras, mas também o deslocamento da legitimidade democrática. A percepção da impunidade é apresentada no gráfico a seguir.

Gráfico 7: Se as leis que existem fossem cumpridas e não existisse impunidade, a corrupção diminuiria (%)

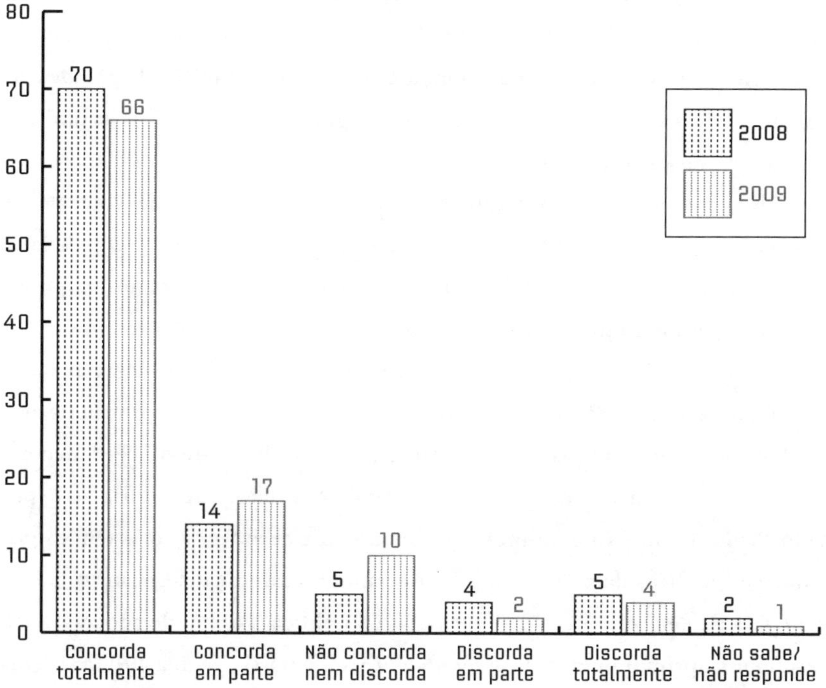

Ora, a impunidade percebida pela opinião pública brasileira decorre de uma legislação ultrapassada, especialmente na dimensão processual. Os casos de corrupção, de modo geral, arrastam-se no Judiciário porque são suscetíveis a uma série de recursos, além de haver problemas formais como obtenção de provas e definição dos ilícitos realizados. A percepção de impunidade colabora para alimentar a opção pelo penal porque faz com que o cidadão comum opte por querer tratar a questão da corrupção na dimensão de sua punição e não de seu controle. Necessariamente, a judicialização da política não implica maior controle da corrupção no Brasil, porquanto, o controle judicial não tenha avançado, especialmente na dimensão da legislação ordinária. Privilegia-se, nesse sentido, a punição sem punibilidade, o que cria um círculo vicioso de alimentação da opinião pública pela ideia de criminalização da política – a política seria tema de justiça criminal e não de democracia. O círculo vicioso, contudo, confia ao Judiciário o papel de guardião da moralidade, mas a não punição da grande corrupção no Brasil promove e reforça a crise de legitimação pela qual as instituições representativas estão passando.

Além disso, não há atuação integrada das instituições de controle. A disjunção entre o controle burocrático-administrativo, o controle judicial e o controle público não estatal promove um conflito institucional que pouco contribui para o controle da corrupção. É o caso dos conflitos recentes entre o governo federal e o Tribunal de Contas da União, tendo em vista as obras do Plano de Aceleração do Crescimento (PAC); o conflito entre o Judiciário e a Polícia Federal, no caso Daniel Dantas; e o conflito entre o Legislativo e o Ministério Público, devido ao projeto da lei da Mordaça,[12] de autoria do deputado Paulo Maluf. No caso brasileiro, a ausência de integração sistêmica dos controles públicos da corrupção promove um processo de delegação ao Judiciário para a penalização das delinquências da política. Porém, do processo, não resulta um aprimoramento da *accountability* (cf. nota 19, página 40) do sistema político, mas um processo de criminalização da política que compromete a legitimidade da representação e promove uma punição reputacional de políticos e burocratas pela mídia.

A criminalização da política derivada do processo de judicialização da política, por conseguinte, é uma estratégia equivocada de controle da corrupção, que afeta diretamente a qualidade da gestão pública no Brasil, uma vez que está dissociada do controle burocrático-administrativo. Além disso, criminaliza-se no Brasil uma série de atividades sem diferenciar e punir as mais graves. A não punibilidade da grande corrupção ocorre em virtude de um código de processo penal

12. Vedação ao Ministério Público de proceder a investigações. [N. E.]

ultrapassado, o qual impede a sanção, estipula recursos contínuos e favorece a prescrição dos crimes. A partir disso, reforça-se uma cultura da vigilância que se mostra pouco eficiente em seus resultados e que naturaliza a corrupção na dimensão do Estado brasileiro, fazendo-a permanecer no discurso político como algo praticado por quadrilhas. Entretanto, a não integração com as outras formas de controle da corrupção – o controle burocrático-administrativo e o controle público não estatal – prejudica o funcionamento do sistema político, deteriora a qualidade da gestão pública e esvaece a legitimidade das instituições representativas.

Para combatermos a corrupção, precisamos de mais representação

O tema da corrupção no Brasil tem suscitado uma permanente agenda de reforma política, compreendida, sobretudo, como um conjunto de reformas institucionais que passam por mudanças no sistema eleitoral, no sistema partidário e na questão do financiamento de campanhas eleitorais. Apesar de haver um consenso de que as reformas são necessárias, a agenda não avança no Congresso Nacional, seja porque promove mudanças no *status quo*, seja porque não há uma mobilização social efetiva a favor de tais mudanças. De acordo com Lúcio Rennó, a agenda de reforma política não avança porque a questão das mudanças institucionais envolvem o dilema entre governabilidade e representatividade (2007, p. 423-52).

Como afirmamos anteriormente, a experiência brasileira pós-1988 resolveu o problema da governabilidade nos termos do presidencialismo de coalizão. No entanto, a percepção da corrupção tem afetado a legitimidade da representação, promovendo processos de deslocamentos da representatividade em direção às instituições da democracia indireta, em especial o Judiciário e o Ministério Público. O processo de deslocamento da legitimidade significa a delegação crescente de poder às instituições da democracia indireta, com o objetivo de assegurar um elemento de correção sobre a política. É evidente que a corrupção, por si mesma, não desencadeia a judicialização da política, mas contribui para reforçar uma visão corriqueira de que as instituições da representação eleitoral não conseguem densidade na vida cotidiana dos cidadãos. O Judiciário brasileiro, nesse sentido, tem sido constantemente chamado à esfera pública para resolver o problema da corrupção na política.

No caso brasileiro, há uma enorme disjunção entre a percepção da corrupção e a percepção da atuação das instituições de controle, que explica, em grande parte, o paradoxo da transparência no Brasil democrático. A ampliação da transparência, resultante de mudanças da máquina administrativa, não implicou menos corrupção, mas desvelamento permanente das delinquências do homem público brasileiro e, ao mesmo tempo, descontentamento da cidadania com as instituições democráticas por conta de um forte sentimento de impunidade. Por essa assertiva, a ampliação e a inovação das instituições de controle no Brasil tem afetado negativamente a representação eleitoral e a qualidade da gestão pública, uma vez que as falhas institucionais do controle, como a enorme lentidão do Judiciário, provocam sensação de impunidade, bem como a burocratização crescente dos controles torna a gestão pública refém de seus próprios rituais.

A experiência brasileira revela o fato de que reformas políticas são necessárias, especialmente no que diz respeito à ampliação da representatividade. De nosso ponto de vista, a discussão da reforma política não envolve uma escolha trágica entre governabilidade e representatividade. A ampliação dos pontos de veto e as dificuldades que representa não podem comprometer a representação política. E reforçar a representação política não significa tomar as reformas como panaceia para as delinquências do homem público. No contexto, é preciso reforçar a agenda de reforma do Estado, em que a reforma política seja um de seus elementos centrais, bem como a reforma do Judiciário e o reforço da representação da sociedade civil. O aprimoramento dos controles públicos da corrupção exige que a agenda de reforma do Estado seja aprimorada, com o intuito de reforçar a representação política pela via de sua complexidade e pela via do resgate da legitimidade política.

Nesse sentido, não se trata apenas da representação partidário-eleitoral, mas também da representação exercida nas instituições da democracia indireta. Dessa forma, a questão do controle da corrupção não pode ser um monopólio burocrático, nem mesmo puro processo de controle criminal. É preciso partir da premissa de que o controle da corrupção deve ser uma política de Estado, o que significa pensar a construção de um sistema de integridade pública alicerçado na atuação concomitante e integrada do controle burocrático-administrativo, do controle judicial e do controle público não estatal. Além disso, esse sistema de integridade pública deve reconhecer que não há escolha trágica entre governabilidade e representatividade, mas que é fundamental um equilíbrio dessas duas dimensões das mudanças institucionais, tendo em vista o objetivo de ampliação da eficiência da gestão das políticas públicas.

A judicialização da política pode representar uma via importante de democratização do Estado, mas não pode vir isolada ou com a pretensão de se sobrepor à representação política. Ela é uma via da democratização, mas não deve ser pensada como panaceia para a integridade pública. Portanto, é fundamental pensar um sistema de integridade em que a publicidade seja o marco fundamental da gestão. Dessa forma, a mudança institucional deve ser pensada com base em uma lógica de integração sistêmica dos três poderes e da relação do Estado com a sociedade, tendo em vista o aprimoramento da *accountability* e o reforço da publicidade como marco definidor da própria ideia de democratização do Estado. É nesse sentido que o controle da corrupção deve ser uma política de Estado e não apenas uma iniciativa isolada dos poderes republicanos.

A delegação da tarefa de controlar a política ao Judiciário, dessa maneira, pode representar uma iniciativa pouco afeita aos próprios valores da democracia. O resultado desse processo é uma despolitização crescente da democracia que pouco contribui para a eficácia da gestão pública e para a efetividade dos controles públicos da corrupção. Por conseguinte, é necessário politizar essa questão, de maneira que se converta em uma nova virada da agenda de reforma do Estado, não apenas pautada pelo monopólio burocrático, mas pelo fortalecimento da democracia.

Referências bibliográficas

Abrucio, Fernando Luiz. "Trajetória recente da gestão pública brasileira: um balanço crítico e a renovação da agenda de reformas". *Revista de Administração Pública*, v. 41, 2007.

Anechiarico, Frank; Jacobs, James. *The Pursuit of Absolute Integrity. How Corruption Control Makes Government Ineffective*. Chicago: The University of Chicago Press, 1996.

Arantes, Rogério Bastos. "Ministério Público e corrupção política em São Paulo". In: Sadek, Maria Tereza (org.). *Justiça e cidadania no Brasil*. São Paulo: Editora Sumaré/ Idesp, 2000.

Boschi, Renato Raul; Lima, Maria Regina Soares de. "O Executivo e a construção do Estado no Brasil". In: Werneck Vianna, Luiz (org.). *A democracia e os três poderes no Brasil*. Belo Horizonte: Editora da UFMG; Rio de Janeiro: Iuperj/ Faaperj, 2002.

Cappelletti, Mauro. *Juízes legisladores?* Porto Alegre: Sergio Fabris Editor, 1993.

Carvalho, José Murilo de. "Passado, presente e futuro da corrupção à brasileira". In: Avritzer, Leonardo et al. *Corrupção: ensaios e crítica*. Belo Horizonte: Editora da UFMG, 2008.

Cittadino, Gisele. *Pluralismo, direito e justiça distributiva. Elementos de filosofia constitucional contemporânea*. Rio de Janeiro: Lumen Juris, 2000.

Ferraz Jr., Tércio Sampaio. *Direito constitucional*. Barueri: Manole, 2007.

Filgueiras, Fernando. "A tolerância à corrupção no Brasil: uma antinomia entre normas morais e prática social". *Opinião Pública*, v. 15, n. 2, 2009.

____. *Corrupção, democracia e legitimidade*, Belo Horizonte: Editora da UFMG, 2008a.

____. "Comissões parlamentares de inquérito". In: Avritzer, Leonardo et al. *Corrupção: ensaios e critica*. Belo Horizonte: Editora da UFMG, 2008b.

____. "Marcos teóricos para o estudo da corrupção". In: Avritzer, Leonardo et al. *Corrupção: ensaios e critica*. Belo Horizonte: Editora da UFMG, 2008c.

____; Avritzer, Leonardo. "Corrupção e controles democráticos no Brasil". In:

Cunha, Alexandre dos Santos et al. *Estado, instituições e democracia: República.* Brasília: Ipea, 2010.

Garapon, Antoine. *O juiz e a democracia. O guardião das promessas.* Rio de Janeiro: Revan, 1999.

Huntington, Samuel P. "Modernização e corrupção". *A ordem política nas sociedades em mudança.* São Paulo: Edusp; Rio de Janeiro: Forense Universitária, 1975.

Johnston, Michael. *Syndromes of Corruption. Wealth, Power, and Democracy.* Cambridge: Cambridge University Press, 2005.

Klitgaard, Robert. *A corrupção sob controle.* Rio de Janeiro: Jorge Zahar Editor, 1994.

Leff, Nathaniel. "Economic Development through Bureaucratic Corruption". *American Behavioral Scientist,* v. 8, n. 3, 1964.

Limongi, Fernando. "A democracia no Brasil: presidencialismo, coalizão partidária e processo decisório". *Novos Estudos – Cebrap,* n. 76, 2006.

Moisés, José Álvaro. "Cultura política, instituições e democracia: lições da experiência brasileira". *Revista Brasileira de Ciências Sociais,* v. 23, n. 66, 2008.

Rennó, Lúcio. "Reformas políticas: consensos necessários e improváveis". In: Melo, Carlos Ranulfo Félix de; Saez, Manuel Alcântara (org.). *A democracia brasileira. Balanços e perspectivas para o século XXI.* Belo Horizonte: Editora da UFMG, 2007.

Rehren, Alfredo. "The Crisis of Democratic State". In: Blake, Charles; Morris, Stephen (ed.). *Corruption and Democracy in Latin America.* Pittsburgh: The University of Pittsburgh Press, 2009.

Rosanvallon, Pierre. *La Legitimité Démocratique. Imparcialité, Réflexivité, Proximité.* Paris: Seuil, 2008.

Rose-Ackerman, Susan. *Corruption and Government. Causes, Consequences, and Reform.* Cambridge: Cambridge University Press, 1999.

Schneider, Aaron. "Banco Mundial". In: Avritzer, Leonardo et al. *Corrupção: ensaios e crítica.* Belo Horizonte: Editora da UFMG, 2008.

Tate, Neal; Valinder, Tornbjorn. *The Global Expansion of Judicial Power.* Nova York: New York University Press, 1997.

Vianna, Luiz Werneck; Burgos, Marcelo B., Salles, Paula. "Dezessete anos de judicialização da política". *Tempo Social,* v. 19, n. 2, 1997.

Corrupção no Brasil: *jeitinho* inocente ou ameaça à democracia?[1]

Matthew M. Taylor[2]

A corrupção é um problema significativo no Brasil, constituindo-se, juntamente com segurança pública e desigualdade de renda, como um dos desafios com maior potencial para desestabilizar a mais populosa democracia latino-americana neste novo milênio. A maioria dos índices de percepção de corrupção posiciona o Brasil acima das médias regional e mundial - ou seja, nem ao lado das menos corruptas, mas certamente também não na mesma posição que as nações mais corruptas do mundo.[3] O desempenho comparativo do país nesses índices, contudo, subestima os custos significativos que a corrupção tem imposto à democracia

....

1. Este capítulo é uma tradução de trabalho publicado em Morris, Stephen D. e Charles H. Blake (org.). *Corruption & Politics in Latin America: National and Regional Dynamics.* Boulder: Lynn Rienner, 2010. Agradeço aos organizadores dessa coletânea pela permissão de reproduzi-la aqui, e a Rita de Cássia Biason e Lincoln Noronha pela cuidadosa tradução e releitura do texto. Também agradeço a Lourdes Sola, Tim Power, Sérgio Praça, Matt Ingram, Alessandra Fontana, Manuel Balán, Bruno Speck, Chris Blake e Steve Morris pelas valiosas contribuições que deram ao texto. Todos os erros, claro, são de minha inteira responsabilidade.

2. Matthew Taylor é docente da School of International Service da American University, em Washington, D.C. Entre 2006 e 2011, atuou como professor doutor no Departamento de Ciência Política da Universidade de São Paulo. Taylor é autor de *Judging Policy: Courts and Policy Reform in Democratic Brazil* (Stanford University Press, 2008) e co-organizador, com Timothy J. Power, de *Corruption and Democracy in Brazil: The Struggle for Accountability* (University of Notre Dame Press, 2011).

3. O Brasil ocupou a 80ª posição no *ranking* mundial de 179 países da Transparency International, em 2008. O Chile e o Uruguai foram os países latino-americanos mais bem posicionados, empatados em 23º; a Argentina ocupou o 109º lugar.

brasileira, tanto em termos econômicos, quanto na confiança pública no processo democrático e na sua capacidade de produzir resultados satisfatórios. Apesar de o país ter um desempenho melhor que muitos de seus pares regionais, a corrupção é um tópico cada vez mais saliente no debate público, com impactos que são bastante amplificados pela imprensa ativa.

Desde o retorno à democracia, é possível encontrar casos de corrupção em todos os níveis de governo. Apenas na última década, um presidente do Banco Central foi forçado a pedir demissão sob um manto de alegações de venda de informações confidenciais; descobriu-se que um avião da Força Aérea Brasileira (FAB) estava traficando drogas para a Europa; um juiz de alto escalão no estado de São Paulo, Nicolau dos Santos Neto, foi condenado por superfaturamento e desvio de recursos públicos durante a construção de um Tribunal Regional do Trabalho (TRT); muitos agentes públicos nas três esferas de governo do estado de Roraima, incluindo deputados estaduais e juízes, foram presos sob acusações de estarem sistematicamente saqueando o Tesouro Público; um juiz delator no estado do Mato Grosso foi assassinado; e diversas investigações nos estados do Rio de Janeiro e São Paulo descobriram inúmeros casos de pagamentos de propinas e desvios em suas forças policiais. Os exemplos são muitos.

Com tantos casos de corrupção, e sua divulgação massiva na mídia, os cidadãos se tornam cínicos, o que por sua vez enfraquece o Estado de Direito, corrói a integridade do setor privado e distorce mercados (Heineman; Heimann, 2006, p. 115). Ainda assim, analisar a dinâmica da corrupção como se ela formasse uma entidade unificada contribuiria muito pouco para o entendimento do problema. É essencial desagregar as principais práticas de corrupção para poder compreendê-las e enfrentá-las. Nesse sentido, a primeira seção deste capítulo volta-se para as diversas modalidades de corrupção existentes no Brasil, para só depois, na segunda seção, analisarmos seu impacto. A terceira parte discute fatores que influenciam a corrupção, antes de concluir com um olhar nos esforços recentes para enfrentá-la.

Padrões de corrupção

A corrupção no Brasil varia entre diferentes possibilidades e modalidades, desde o setor público até o privado, entre a grande e a pequena corrupção, e entre desvio de recursos públicos, extorsão e nepotismo. É comum que um tipo se misture a outros, o que transforma em um desafio discernir e medir o fenômeno com precisão. Porém, à luz da preponderância do problema da corrupção, não é difícil encontrar exemplos de cada variante.

O caso mais citado de corrupção política e *accountability* (cf. nota 19, p. 40) no Brasil tem sido o *impeachment* do presidente Collor, no início da década de 1990. Apesar do choque em descobrir o próprio presidente envolvido em um escândalo, as modalidades de corrupção praticadas por Collor não eram distintas nem novas em relação às já conhecidas. Um funcionário próximo ao presidente, Paulo César Farias, administrava uma rede de propinas que custara aos cofres públicos entre 2 e 5 bilhões de dólares aproximadamente (Flynn, 1993, p. 363). O que foi único no caso Collor: a punição. O *impeachment* é um evento raro que se tornou possível porque o presidente, apoiado por uma fraca coalizão, e sua plataforma de "reforma imposta", havia gerado tanta antipatia (Weyland, 2000) que a maré da opinião pública se voltou decisivamente contra ele. Nesse sentido, o *impeachment* foi uma anomalia, um acontecimento destoante da sequência usual de eventos que se seguem a um típico escândalo político brasileiro.[4]

Um exemplo mais icônico de corrupção política no Brasil é o escândalo do mensalão, que envolveu o presidente Luiz Inácio Lula da Silva ao final de seu primeiro mandato. Apesar de contar com uma enorme popularidade, de fazer inveja a qualquer político no mundo, o governo do presidente Lula sentiu necessidade de utilizar métodos alternativos para estender sua coalizão política. Em uma iniciativa arruinada para tentar aumentar a adesão parlamentar à sua base aliada,

4. Devo pontuar, contudo, que Collor foi subsequentemente absolvido das acusações criminais perante o Supremo Tribunal Federal (STF).

o governo providenciou pagamentos (o chamado "mensalão") para congressistas aliados em troca de apoio (Transparency International, 2006, p. 135).

Essa é uma metáfora mais adequada para os grandes casos de corrupção porque terminou de maneira muito mais tipicamente brasileira do que o *impeachment* de Collor. Comissões Parlamentares de Inquérito (CPI) repletas de revelações excitantes e sensacionais implicaram uma larga porção de congressistas em atos de corrupção. Um punhado de parlamentares foi cassado por seus pares em resposta ao temporário furor popular, e alguns dos mais proeminentes membros do partido do presidente, o Partido dos Trabalhadores (PT), foram forçados a pedir demissão de seus cargos no Executivo. Mas então o calor dos acontecimentos passou, Lula foi reeleito, e a vida continuou. A condenação de José Dirceu foi um marco na história do STF, representando a primeira vez na qual um alto funcionário do governo será responsabilizado por suposta corrupção. Porém, o STF demorou sete anos para julgar os fatos; a maior parte dos condenados não passará tempo dentro de uma prisão; apenas uma parcela pequena do dinheiro estornado retornará aos cofres públicos; e logo após o fim do julgamento, surgiu outro escândalo envolvendo altos funcionários da Presidência da República. Enfim, a condenação de alguns integrantes do suposto esquema foi a exceção que comprova a regra: a responsabilização judicial de elites por atos de corrupção no Brasil é rara, demorada e altamente incerta.

Tendo em vista os longos esforços do PT em postar-se como o partido da ética na política brasileira, o comprometimento de Lula no combate à corrupção, e uma pesquisa de opinião antes das eleições de 2002 que indicava o PT como o partido mais honesto do Brasil, foi uma surpresa que tantos escândalos ocorressem sob a vigília desse governo (Goldfrank; Wampler, 2008). Porém, a natureza sistemática da corrupção, utilizada de maneira sofisticada e relativamente aberta, é bem típica dos muitos escândalos políticos que assolaram o Brasil desde seu retorno à democracia. Além disso, o fraco processo de *accountability* que se seguiu ao escândalo infelizmente é exemplo da regra geral. Em termos de *accountability* vertical, dos 20 parlamentares que foram nomeados nas investigações realizadas no Legislativo, relativas ao mensalão, ou ainda indiciados nos tribunais superiores, 13 concorreram à reeleição, oito dos quais com sucesso. Além disso, um dos três deputados que havia tido seu mandato cassado pela Câmara Federal em resposta ao escândalo, conseguiu eleger sua filha na eleição seguinte, pois ele próprio não poderia concorrer a cargo eletivo em razão do processo de cassação. *Accountability* horizontal também não parece oferecer maior efetividade, já que a grande maioria dos envolvidos puderam usufruir do foro privilegiado e da prisão semiaberta para diminuir o tempo atrás das grades. Não devemos esquecer também que os condenados passaram sete anos livres, podendo influenciar o jogo político ao longo desse tempo.

Apesar do intenso interesse de pesquisadores de corrupção em escândalos de muita repercussão e na "grande" corrupção, a "pequena" corrupção também tem sido rotineiramente exposta dentro do reconhecidamente avançado aparato burocrático brasileiro,[5] seja no nível municipal, estadual ou federal.[6] De fato, a pequena corrupção já atingiu níveis que seriam considerados chocantes, se já não tivessem se tornado tão comuns. No início dos anos 1990, descobriu-se que um grupo de burocratas havia desviado cerca de 3 bilhões de dólares da previdência social. No final da década de 2000, cerca de um milhão de dólares apreendidos em operações policiais desapareceu da sede da Política Federal no Rio de Janeiro, naquilo que a própria polícia reconheceu provavelmente tratar-se de um trabalho interno. O escândalo do mensalão iniciou-se porque o deputado Roberto Jefferson foi acusado de ser o mentor por trás de um esquema de fraude sistemática nos Correios; a resposta do parlamentar foi denunciar diversas outras operações corruptas. Essas histórias de desvios de recursos nas burocracias do Estado são recorrentes na imprensa.

Corrupção feita por burocratas individuais também é bastante documentada, variando de pagamento de subornos para acelerar processos até fraude sistemá-

5. A burocracia federal brasileira é a mais avançada na região, de acordo com Stein et al. (2006, p. 68-71).

6. É preciso enfatizar que a "pequena" corrupção pode ser qualquer coisa menos "pequena" em termos da quantidade de recursos envolvidos: "pequena" se refere somente ao fato de que ela ocorre ao final de determinada política pública, no contato com o cidadão. Essas definições são derivadas de *U4 Anti-Corruption Resource Centre: Corruption Glossary*. Disponível em: <www.u4.no>. Acesso em: 24 ago. 2012.

tica de regulamentos administrativos. Apesar da escala reduzida, as implicações são igualmente perigosas. A infiltração ou cooptação de burocracias públicas pelo crime organizado é um problema sério, conforme ilustrado, em 2007, quando um grande empresário chinês-brasileiro, Law Kin Chong, foi preso por comandar uma operação multimilionária de tráfico de eletrônicos que abastecia 600 lojas no centro de São Paulo. Acredita-se que Chong tenha construído uma extensa rede de influência com policiais e inspetores alfandegários para favorecer seu negócio e apenas foi preso quando seus associados tentaram subornar um deputado federal que, então, utilizou uma escuta para produzir provas incriminando Chong e sua organização. Da mesma maneira, a imprensa teve um dia de trabalho cheio quando, após um advogado da indústria de máquinas caça-níqueis bater seu carro em fuga de uma tentativa de assalto: a polícia encontrou dentro do veículo acidentado envelopes contendo o que parecia ser o suborno semanal de uma grande quantidade de delegacias de Polícia Civil de São Paulo.

Padrões de corrupção não são uma constante e, como em qualquer lugar, algumas burocracias são mais suscetíveis do que outras. Burocracias com intensas e inúmeras transações públicas (como forças policiais, o sistema previdenciário, Detran) podem ser mais suscetíveis do que organizações burocráticas que não possuem interações frequentes com bens públicos exploráveis, como o Ministério de Relações Exteriores ou as Secretarias de Educação. Em 2002, um *survey* realizado com empresários forneceu evidências dessa dinâmica: corrupção foi percebida como mais frequente em funções básicas do Estado, como licenciamento e policiamento (corrupção, em ambos os casos, foi apontada pelos entrevistados como "muito frequente"), seguido por licitações públicas e pelo Judiciário (acima de 80%) (Abramo, 2002).[7] Dados da Latinobarómetro[8] indicam que 66% dos brasileiros pesquisados,

7. É importante perceber, contudo, que apesar de não necessariamente negar a exatidão dessas percepções, os 150 empresários entrevistados apresentam um cenário bastante diferente acerca de suas experiências: apenas pouco acima de 45% experimentaram suborno em licitações; uma proporção similar efetivamente experimentou suborno em casos de tributação do Estado; e apenas pouco acima de 30% experimentou suborno em licenciamentos.

8. Disponível em: <www.latinobarometro.org>. Acesso em: 16 out. 2012. [N. E.]

em 2007, haviam pago uma propina nos últimos 12 meses, colocando o país na frente de todos os outros 17 países da região pesquisados em termos de propensão à corrupção. Pesquisas desse gênero frequentemente apontam um país impregnado pela corrupção cotidiana, com os cidadãos brasileiros mostrando os níveis mais altos de experiências diretas com corrupção entre seus pares latino-americanos.

A extorsão é geralmente menos visível como modalidade da corrupção, mas não deixa de ser discutida nos meios empresariais. A pesquisa de Abramo mostra que 87% dos empresários que admitiram pagar suborno atribuíram a iniciativa da operação ilegal ao servidor público. Claro que é possível duvidar desses achados, dado que é compreensível que a maioria dos entrevistados busquem evitar a autoimplicação. Talvez o achado mais pernicioso seja uma sutil forma de extorsão: cerca de 70% dos empresários entrevistados afirmaram que se sentiram compelidos a contribuir com campanhas políticas.

Nepotismo também é fonte de muitos problemas, mas nem sempre é reconhecido como corrupção. Repetidamente, ao longo da última década, representantes eleitos utilizaram recursos reservados para contratar familiares próximos como assessores. Nepotismo é visto no sistema político como prática "normal, usual e costumeira" (Santos et al., 2002, p. 148). Regras mais restritas impostas contra nepotismo nas últimas duas décadas têm sido insuficientes: para escapar das regras, diversos membros do Congresso têm se valido de contratação cruzada, na qual enquanto um colega emprega a filha de outro, este emprega o irmão do primeiro e assim por diante.[9] Indicativo da resistência, ao fim das práticas de nepotismo, são as diversas ações impetradas por juízes contra as novas regras antinepotismo baixadas pelo Conselho Nacional de Justiça (CNJ). Apesar de a maioria dessas ações terem sido improvidas, o fato de iniciadas precisamente pelo grupo de burocratas responsáveis por assegurarem o Estado de Direito e o cumprimento das leis sugere que, quando o assunto é nepotismo, regras informais e costumes que favorecem o uso privado do Estado podem estar profundamente arraigados.

9. Para uma análise das contratações cruzadas no Congresso Nacional, ver Vaz (2005, p. 101-10; 121-6).

Apesar de muito da ojeriza pública estar focada em políticos e nos integrantes do setor público receptores dos subornos, o setor privado dificilmente pode ser considerado um bastião de integridade. Executivos do setor privado há muito têm sido financiadores secretos de campanhas políticas, fazendo contribuições "por debaixo do pano" a "caixas dois" de campanhas políticas, nos quais o dinheiro escapa à supervisão de autoridades eleitorais e tributárias. Muitas das multinacionais brasileiras emergentes, especialmente nos ramos do transporte e da construção civil, têm desenvolvido uma reputação para corrupção que se estende para além das fronteiras brasileiras. Finalmente, comportamento corrupto não está limitado à conexão entre setor privado e funcionários públicos: é fácil ouvir de qualquer empresário operando no Brasil histórias de empregados que receberam subornos em troca da transferência de negócios para um escritório de vendas em particular, ou da venda de listas de consumidores de uma empresa para seus competidores, ou empresas que alteram seus registros ou criam firmas fantasmas sob nomes falsos para enganar auditores fiscais, ou ainda outros tipos de abusos de confiança que variam desde o simples furto até o superfaturamento de serviços e compras.

Sob a fraca estrutura de *accountability* existente no Brasil, essas muitas variantes de corrupção rapidamente se tornam aparentes, e com frequência coexistem lado a lado com atividades lícitas. Corrupção comumente é apresentada como uma resposta racional (conquanto antiética) às condições locais. Por exemplo, a carga tributária é tão alta (cerca de 37% do PIB, comparado a 19% no Chile e 25% na Argentina) que evasão fiscal se torna uma estratégia de sobrevivência para alguns negócios. Além disso, em um ambiente corrupto, empresários encontram dificuldades em concorrer contra competidores que se valem de propinas, o que leva a um círculo vicioso no qual todas as empresas precisam adotar práticas corruptas para permanecer funcionando.

Mas talvez o padrão mais claro entre todas essas variedades de práticas corruptas, tal qual exemplificado no escândalo do mensalão, seja o dos custos esperados das práticas corruptas, que são relativamente baixos em comparação com os ganhos potenciais. Isso ocorre particularmente porque as chances de que atividades corruptas sejam detectadas é baixa, e mais ainda: as chances de que, uma vez descoberta, essa corrupção será efetivamente punida é infinitamente baixa. Antes de discutir algumas das causas dessa baixa *accountability*, primeiro gostaria de expor os efeitos da corrupção.

O impacto da corrupção

A corrupção tem efeitos tanto econômicos quando políticos. Em termos econômicos, é impossível medir com qualquer precisão os custos reais da corrupção, mas estimativas convencionais variam entre 1 e 5% do PIB anualmente (Power; Taylor, 2010, p. 1). Indiretamente, também, a corrupção gera enormes custos econômicos, complicando e distorcendo esforços para efetivamente utilizar políticas públicas para enfrentar outros problemas, como criminalidade, educação e desigualdade social.

Igualmente perniciosos são os custos políticos, em termos da percepção dos cidadãos acerca do processo político e do regime democrático. É amplamente reconhecido que a corrupção sabota a democracia ao atacar dois de seus principais princípios: a igualdade dos cidadãos perante as instituições e a abertura do processo decisório a diversas opiniões e atores (e.g., Della Porta; Vannucci, 1997, p. 537; e Heywood, 1997, p. 421). A corrupção, portanto, produz uma modalidade de cinismo que é particularmente perniciosa para democracias, a qual depende muito de engajamento público e de legitimidade para florescer. Quando combinados aos seus custos econômicos, a corrupção endêmica e descontrolada pode ser considerada a maior ameaça à atual democracia brasileira.

Com certeza, o cinismo está bem encravado na cultura popular. Existem três ditados populares que sugerem o quão profundamente a corrupção afeta o dia a dia da vida brasileira:

- O dito apócrifo atribuído ao ditador Getúlio Vargas: "Aos inimigos a lei; aos amigos, tudo!". A noção de que a lei se aplica de diferentes maneiras a diferentes pessoas e que ela pode ser seletivamente imposta (ou não), de acordo com os caprichos daqueles no poder, ainda encontra ressonância nos dias de hoje.

- O conceito de "jeito", o qual Rosenn (1971 e 1984) descreve como "a prática de subverter regras legais de acordo com a conveniência" (1984, p. 2-3). O "jeito", alguns argumentam, é largamente utilizado para não cumprir regras formais e o sistema legal: um problema particularmente difícil com a burocracia pode levar o cidadão a perguntar ao funcionário público: "Não dá para dar um jeitinho?" ou "Não é possível darmos um jeito nisso?". A ideia é que não se trata necessariamente de corrupção, na sua essência – de fato, o *jeito* pode até mesmo habilitar cidadãos a superar obstáculos burocráticos que, de outra maneira, necessitariam de corrupção para serem vencidos –, mas sugere informalidade antitética à extensiva formalidade dos códigos legais e dos procedimentos burocráticos.
- A "lei de Gerson", ditando que já que todos estão tentando levar vantagem em tudo, melhor que você o faça também e a ética "que se dane". A "lei" recebeu esse nome por causa do jogador de futebol, cujo papel principal em uma campanha de cigarros, em 1970, incluía a famosa frase "Gosto de levar vantagem em tudo, certo? Leve vantagem você também!" (Global Integrity, 2007, p. 2), e é frequentemente invocada para justificar ações em benefício próprio. "Todos estão fazendo! Por que só eu tenho de ficar de fora?"

O cinismo que esses três aforismos refletem é transportado para a política contemporânea. Quando perguntados sobre sua percepção dos políticos no início do escândalo do mensalão, 4 de cada 5 entrevistados disseram que os brasileiros são trabalhadores, mas apenas 1 em cada 5 afirmava o mesmo dos políticos. Apesar de mais de 3 em cada 5 perceberem seus pares como honestos, apenas 1 em cada 10 diriam o mesmo sobre políticos (Ibope, 2006). Na esteira do escândalo do mensalão, esforços para investigar e punir os implicados no escândalo foram vistos com ceticismo, e menos de um terço dos pesquisados achavam que o país se tornaria mais honesto como resultado das investigações (idem, ibidem). O mais perturbador é que os escândalos das duas últimas décadas tiveram o efeito de derrubar, de maneira praticamente contínua, a confiança nos políticos e nos partidos políticos de 31,5% e 26,3%, respectivamente, para 8% e 9%, entre o período do *impeachment* de Collor e o final de 2005 (*Opinião Pública,* 2006).

A democracia, contudo, mostra sinais de resistência. Ao menos uma pesquisa demonstra que os brasileiros consideram a corrupção como o fenômeno mais prejudicial ao desenvolvimento econômico (WWF-Ibope, 2006). Cerca de 85% acreditam que é possível combater a corrupção com sucesso (Freitas, 2007). Em uma pesquisa nacional, a enorme maioria dos eleitores alegou que não votaria em políticos corruptos (Ibope, 2006). E talvez o mais importante é que, a despeito dos escândalos e medos relativos à corrupção, o número de brasileiros que acreditam que a democracia é preferível a qualquer outra forma de governo não apenas não caiu, mas, na realidade, subiu de 39% em 1991 para 69% em 2002 (*Opinião Pública,* 2006). À luz desse claro repúdio à corrupção, por que ela é aparentemente tão difundida? E o que pode ser feito para enfrentar a corrupção e ao mesmo tempo manter a confiança na democracia robusta e resistente? Antes de passar a essas questões, a próxima seção discute alguns dos fatores que podem contribuir para a permanência da corrupção, apesar das mudanças empreendidas desde a transição para a democracia.

Influências sobre a corrupção

A corrupção emerge de uma mistura de condições estruturais e fatores institucionais de longo prazo que constituem o ambiente no qual a atividade corrupta ocorre. Fatores culturais também podem ter um papel, mas a evidência de sua causalidade é muito mais incerta, como já foi notado acima. Exploramos as condições estruturais e os arranjos institucionais a seguir.

Condições estruturais

No nível estrutural, tendências, tanto políticas quanto econômicas, têm tomado importante papel na emergência da corrupção na agenda pública. O Brasil fez a transição de um regime autoritário para outro democrático durante os anos

1980. Essa transição foi mais gradual do que a de muitos outros países na região, e mesmo nos momentos mais críticos, nos quais o potencial para mudanças institucionais significativas era maior, como a redação da Constituição de 1988, a tendência geral era no sentido da preservação da participação do Estado como ator predominante na área econômica. A continuidade do controle do Estado sobre grandes setores da atividade econômica manteve as oportunidades para a corrupção política.

Para oferecer um exemplo, os serviços de telefonia permaneceram nas mãos do Estado até o final dos anos 1990, com baixas taxas de investimento público e falta de serviços, levando a um subprovimento de novas linhas e à proliferação de filas de espera. Na indústria da informática, apesar de a maioria das companhias serem de propriedade privada, o setor todo era altamente protegido de competição externa desde o regime militar, sob justificativa de se tratar de uma indústria nascente. Essas práticas eram frequentes até o início dos anos 1990 e encorajavam, ou obrigavam, consumidores honestos a superar o problema da oferta por meio de transações ilícitas e corruptas, seja participando de mercados negros de linhas telefônicas ou comprando equipamentos de informática contrabandeados. Tais exemplos contribuíram para o conhecido prognóstico de que abrir a economia levaria à redução de corrupção, por meio da transferência de recursos e do controle sobre gargalos de oferta para longe das mãos do setor público. Acreditava-se que essas medidas reduziriam a possibilidade de subornos, ao mesmo tempo aumentando a eficiência geral da economia (e.g. Heywood, 1997). Mas as evidências de que isso de fato tenha ocorrido são inconclusivas.

O segundo grande legado econômico do regime militar foi a inflação. Não há espaço aqui para fazer justiça à enorme dificuldade que a nova democracia brasileira enfrentou para controlar a inflação, durante a década predecessora ao bem-sucedido Plano Real.[10] Suficiente dizer que a hiperinflação, e o contínuo pro-

10. Para uma abordagem compreensiva ao problema criado pela inflação, tanto no campo econômico quanto político, ver Sola e Whitehead (2006).

blema associado de reajuste e recálculo dos preços de tudo desde salários a contratos e orçamentos, criava um desafio enorme para a transparência na contabilidade e na fiscalização. Como resultado, a supervisão de complexas contas públicas e privadas era bastante fraca, e processar suspeitos de desvio de recursos públicos se tornava extraordinariamente difícil. O fim da inflação e muitas das estruturas fiscais criadas para combatê-la, como as limitações nos gastos públicos impostas pelas recentes reformas fiscais (tais qual a Lei de Responsabilidade Fiscal) ajudaram a debelar algumas das piores práticas de desperdício e gastos sem controle.[11]

Um último fator pode ser creditado ao nível de desenvolvimento socioeconômico. Tal qual Hunter e Power (2007, p. 12-3) notaram em seu estudo sobre a eleição de 2006, tanto educação quanto *status* socioeconômico são importantes influências para determinar como os eleitores brasileiros conhecem, se importam e toleram ou punem a corrupção. Pesquisa de opinião demonstra muito maior tolerância para comportamento corrupto entre aqueles com menos educação: respostas não estimuladas sobre tolerância caem bastante com os anos de escolaridade (Almeida, 2007). As taxas anêmicas de crescimento econômico e pobre performance na educação no último quarto de século XX sugerem que a corrupção podia permanecer como uma prioridade de segunda ordem para muitos cidadãos, especialmente aqueles nas regiões menos desenvolvidas do país.

Na frente política, a democratização pode ter ajudado a enfraquecer alguns aspectos "tradicionais" da política e, por expandir o número potencial de brasileiros vigilantes e seu comprometimento com o sistema político, tornado a exposição de atos de corrupção mais provável do que durante o regime militar. Porém, paradoxalmente, a democratização também pode ter contribuído de diversas maneiras para piorar o problema da corrupção na esfera pública. Um dos princípios

11. Abrucio e Loureiro (2005) sugerem que regras intertemporais como a Lei de Responsabilidade Fiscal (LRF), outras limitações de gastos e de endividamento, e também metas de inflação são formas de manter *accountability* de longo prazo, combinando *accountability* horizontal e vertical. Essa é uma conceituação extremamente atrativa, apesar de eu não explorá-la adiante, dada a excessiva relação tangencial com a corrupção *per se*. Um argumento similar sobre a ampliação dos efeitos da LRF na *accountability* pode ser encontrado em Abramo e Capobianco (2004, p. 81).

mais importantes contidos na nova constituição é a descentralização de poder e recursos para os governos regionais, o que produziu multiplicidade de novos atores com acesso ao Tesouro Público. Além disso, a democratização até pode ter sido a causa de maior exposição da corrupção, mas também tornou muito mais custoso o ganho de poder político, dessa maneira aumentando a demanda, ao menos *potencial*, por alternativas, possivelmente na forma de fontes ilícitas de financiamento. Isso é potencializado pelas regras eleitorais brasileiras, conforme será analisado na próxima seção.

Momentos de transição são acompanhados por distúrbios estruturais e antes de levarem a uma melhora podem gerar deterioração nas percepções de corrupção. Estabilização econômica, diminuição da regulação estatal e aumento no controle sobre gastos públicos podem revelar atos de corrupção que antes não eram observados, providenciando um registro dos problemas com os quais é preciso lidar. De fato, o fim da hiperinflação no Brasil descortinou a opacidade contábil e revelou uma série de transações ilícitas previamente ocultas e difíceis de localizar. Diversas investigações-chave de agentes do Estado se iniciaram logo após o sucesso do Plano Real: talvez a mais notável seja a do político de São Paulo, Paulo Maluf, de quem há muito se pensava patrocinar corrupção em larga escala. A despeito de mais de 30 anos de investigações, somente após a estabilização Maluf teve de enfrentar acusações sérias e bem documentadas, tanto por promotores brasileiros quanto por autoridades estrangeiras. Na frente política, ao mesmo tempo, a nova democracia pode ter encorajado a exposição de agentes corruptos e atos de corrupção, mas ao novo regime faltava a capacidade e, em geral, o *know-how* para enfrentar todas as acusações geradas pela crescente participação e pela vigilância da população.

Um segundo problema está na própria transição, que criou um novo tipo de ator com a janela de oportunidade para engajar em atos de corrupção. Como O'Donnell (1994, p. 59) nota, na ausência de instituições funcionais, "práticas operativas não formalizadas, porém fortes", como a corrupção, podem encontrar espaço para florescer. Isso até certa medida derruba a afirmação de que democratização e liberalização de mercado podem servir como uma panaceia para a corrupção.[12] Como Rose-Ackerman (2000) observou, a não ser que reformas legais e institucionais acompanhem as reformas de Estado, o governo resultante pode ser tão sujo quanto o regime anterior; certamente, na maior parte da América Latina, a dupla transição econômica e política em geral não contribuiu para ganhos significativos na diminuição da corrupção (Tulchin; Espach, 2000).

No caso específico do Brasil, houve um atraso substancial entre as transições econômica e política, e as incipientes reformas legais necessárias para aumentar a *accountability*. Em suma, a dupla transição nas últimas duas décadas descortinou muitos problemas anteriormente camuflados, ao mesmo tempo que gerou novos problemas. Talvez o mais importante, as mudanças que acompanharam a transição reforçaram e legitimaram uma imatura "rede de *accountability*" institucional (Mainwaring, 2003), antes mesmo de as instituições estarem plenamente preparadas para assumir esse papel crucial.

Fatores institucionais

Diversos fatores institucionais são importantes em relação ao seu impacto no aumento da corrupção dentro do sistema político e à capacidade do processo de *accountability* constranger práticas corruptas de modo mais amplo. Seguindo O'Donnell (1994), é comum argumentar que a *accountability* possui duas dimensões: horizontal e vertical. Primeiro, irei discutir as duas dimensões de *accountability* vertical - eleitoral e social - antes de analisar o papel do Judiciário na promoção de "*accountability* horizontal", ou o que Mainwaring com maior precisão denominou "*accountability* intraestatal" (2003, p. 30).

1. Fatores eleitorais e políticos: Conforme dito anteriormente, o sistema político brasileiro gera incentivos para a corrupção, tanto para adquirir quando para manter o poder. Isso ocorre de três maneiras. Primeiro, as regras do atual sistema eleitoral tendem a produzir eleições extremamente caras, aumentando

12. Ceticismo sobre o efeito da democracia na corrupção podem ser encontrados em Davis et al. (2004), Geddes e Ribeiro Neto (1992), e Weyland (1998), entre outros.

tanto a busca por recursos lícitos quanto ilícitos. Em segundo lugar, as regras que governam o sistema partidário tornam difícil que um único partido controle uma legislatura; dessa maneira, a criação de uma coalizão multipartidária para dar sustentação ao presidente é tida como essencial para garantir a governabilidade – mesmo que o processo de formação de coalizões possa encorajar *side payments*,[13] tais como o mensalão, e falta de fiscalização. Em terceiro lugar, à luz dos arranjos institucionais existentes, torna-se difícil monitorar atos ilícitos e impor *accountability* eleitoral em qualquer um dos três níveis da federação. Neste momento, meu foco principal é no âmbito federal, porém, as mesmas implicações desses problemas ocorrem para todos os três níveis federativos (ver Macaulay, 2011).

Em relação às regras eleitorais, três fatores inter-relacionados são significativos: 1) o uso de sistema proporcional de lista aberta para eleger deputados, em distritos de ampla magnitude, com diversos candidatos; 2) a fraqueza organizacional dos partidos políticos na arena eleitoral e, particularmente, os incentivos para o voto pessoal; e, como resultado, 3) os altos custos das eleições brasileiras.

O sistema proporcional de lista aberta, utilizado para eleger membros da Câmara Federal de Deputados, talvez seja o sistema eleitoral mais caro de todos os possíveis.[14] A lista aberta oferece poucas oportunidades para que líderes partidários exerçam controle sobre a escolha das candidaturas e o direcionamento de gastos eleitorais. Quando combinado a grandes distritos e a uma multidão de candidatos, a representação proporcional produz fortes incentivos para táticas individualistas nas campanhas eleitorais (e.g. Samuels, 2001; Ames, 1995).

Sob essas condições, candidatos "precisam se diferenciar individualmente uns dos outros, incluindo de seus próprios copartidários. Uma maneira de fazer

13. Trocas de favores, tais como os listados na página 155: "alianças de campanha, assentos ministeriais, controle sobre políticas públicas, influência sobre *timing* e local dos dispêndios públicos e transferências corruptas". [N.E.]

14. Acerca das dificuldades criadas pelo sistema de representação proporcional de lista aberta em relação à corrupção, ver, por exemplo, Chang (2005). Como nota Treisman (2007, p. 23), contudo, os efeitos do sistema eleitoral ainda não foram conclusivamente estabelecidos: "apesar da plausibilidade dos efeitos, a evidência ainda é frágil...".

isso é levantar e gastar fundos, criando uma 'base de votos pessoais', garantindo favores, presentes e outros bens particularistas" (Samuels, op. cit., p. 30; veja também Ames, op. cit., p. 61).[15] Isto é o que acontece nas eleições para a Câmara Federal de Deputados, na qual o distrito é o próprio estado federado. Nessas eleições, o número de candidatos é particularmente alto, porque partidos podem nomear até 1.5 candidato por vaga no distrito, e alianças cruzadas entre partidos podem nomear até dois candidatos por cadeira em disputa (Samuels, ibidem). Nas eleições de 2010, por exemplo, havia quase 1.300 candidatos para a Câmara Federal apenas no estado de São Paulo. Ou seja, uma média de mais de 18 candidatos por assento (TSE).

Como resultado, não é de surpreender que o custo das eleições brasileiras esteja entre os mais altos do mundo. O custo de eleger um deputado federal é assunto controverso, mas estimativas variam entre um mínimo de US$ 132.000,00 em Samuels (op. cit.), que contabiliza somente os gastos oficiais no final dos anos 1990, até US$ 6.000.000,00 (Bohn et al., 2002). Mais recentemente, um estudo levando em conta declarações oficiais de gastos calculou que, em média, candidaturas de sucesso registraram US$ 250.000,00 de gastos oficiais (Costa et al., 2006). Considerando que, pela lei, candidatos têm acesso a tempo de televisão gratuito durante o horário eleitoral, essas estimativas são relativamente altas para padrões internacionais.

Porém, os gastos extraoficiais podem ser ainda mais altos. Os limites às contribuições de campanha são bastante flexíveis,[16] e são muitas as oportunidades para financiamento via caixa dois, dentro de um sistema no qual seu uso é rotineiro. A campanha presidencial de Lula, em 2002, registrou no TSE R$ 40 milhões em gastos oficiais, porém, se estima que ele tenha levantado R$ 200 milhões em recursos não registrados (Attuch, 2006, p. 16 apud Goldfrank; Wampler, 2008). Certamente é impossível saber com qualquer exatidão o nível de financiamento

15. Textos na língua original foram traduzidos livremente pelo autor.

16. As regras para doações são bastante generosas: indivíduos podem doar até 10% e empresas, até 2% de sua renda bruta anual (Samuels, op. cit.).

via caixa dois, mas evidências anedóticas sugerem que a prática é amplamente difundida e pode ser responsável pela maior parte dos gastos de campanha.

O sistema eleitoral também possui sérias implicações para políticas públicas. Ele pode levar a uma conexão direta entre contribuições de campanha e as decisões de governo, em um processo que Samuels (op. cit., p. 42) descreveu como financiamento de campanha *service-induced* em vez de *policy-induced*. Em outras palavras, contribuidores de campanha fornecem recursos não para fomentar suas políticas públicas preferenciais, mas para comprar acesso particular a serviços governamentais e tomadores de decisão no governo. Além disso, o alto custo de fazer campanha pode levar políticos a buscar oportunidades para recuperar seu investimento e preparar o caixa da próxima campanha. Tal sistema leva a uma perturbadora falta de transparência, pois os registros oficiais demonstram apenas uma face das potenciais influências às quais estão sujeitos os legisladores.

Assim que as eleições acabam, o presidencialismo multipartidário se torna um sistema repleto de perigos potenciais, entre eles o impasse entre os ramos Executivo e Legislativo de governo (e.g. Mainwaring, 1993; e Linz; Valenzuela, 1994). O Brasil pós-autoritário conseguiu superar essa ameaça parcialmente em razão do forte poder de agenda do Executivo (Figueiredo; Limongi, 1999; e Amorim Neto et al., 2003), e também pelo gerenciamento da coalizão (Raile et al., 2006). Apesar do sucesso brasileiro em superar alguns dos piores temores em relação à instabilidade política inerente a uma democracia presidencialista multipartidária, da perspectiva da corrupção, a necessidade presidencial de criar e preservar uma coalizão governante, enfrentando frágeis alianças partidárias, pode produzir significativo efeito negativo.

Com mais de 15 partidos tipicamente representados no Congresso,[17] o partido do presidente nunca possuiu maioria. Como resultado, a construção de coalizões tornou-se uma arte peculiar na política brasileira, envolvendo alianças

17. Dezesseis partidos diferentes estiveram representados na Câmara dos Deputados após as eleições de 2002, 20 após as eleições de 2006 e 22 após as eleições de 2010.

de campanha, assentos ministeriais, controle sobre políticas públicas, influência sobre *timing* e local dos dispêndios públicos e transferências corruptas. A troca de partidos é o resultado mais óbvio: na legislatura de 2003-2006, por exemplo, 193 dos 513 deputados mudaram de partido, assim como 15 dos 81 senadores (Sardinha, 2006). Apesar de decisões judiciais terem tentando alterar a prática, a maioria dos representantes termina o governo do outro lado da cerca da qual começaram, o que facilita a governabilidade, mas tem o claro efeito negativo de associar o apoio não a claros princípios ou opções de políticas públicas, mas a práticas de barganha que podem envolver processos corruptos.

O escândalo do mensalão, que afetou a administração Lula, por exemplo, é largamente visto como reflexo dos problemas associados com a manutenção da unidade da coalizão sob condições de lealdade partidária incerta. Tendo o PT há muito estado no deserto da oposição, não foi surpresa que Lula, ao ser eleito, tenha preenchido seu gabinete ministerial majoritariamente com membros do partido. Apesar de Lula ter quase dobrado o número de pastas ministeriais (de 21 para 38), o alto número de assentos entregues ao PT deixou pouco espaço para os partidos da coalizão. Tal como nota Raile et al., "coalizões mais amplas, com maior heterogeneidade, e/ou maior concentração de poder (ao custo de outros membros da coalizão) são mais difíceis de gerenciar" (2006, p. 8). A coalizão de Lula encaixa-se nessa categoria – alta concentração do poder – e, como resultado, na ausência de postos ministeriais, práticas compensatórias foram utilizadas para reforçar a disciplina da coalizão.[18] Vale notar que essas práticas compensatórias têm uma história mais longa que o recente escândalo do mensalão: surgiram acusações quando da aprovação da emenda da reeleição, durante o primeiro mandato de Fernando Henrique Cardoso, e também existem relatos de

18. É importante salientar que salários baixos não são a causa da corrupção entre parlamentares brasileiros, que ganham extremamente bem, recebendo cerca de R$ 287 mil por ano entre salário e abonos. Além do salário anual de R$ 192 mil, deputados federais recebem R$ 50 mil por mês para contratarem assessores, R$ 3 mil por mês de auxílio-moradia (ou casa oficial), R$ 4,2 mil a título de auxílio-correspondência, R$ 15 mil em reembolsos (geralmente pagos sem comprovação de gasto efetivo), R$ 15 mil para manter escritório no seu estado de origem e R$ 8 mil para viagens aéreas (Moraes, 2006).

tentativas de compra de votos para bloquear o processo de *impeachment* contra Fernando Collor.

Pode ser terrivelmente difícil impor *accountability* eleitoral em sistemas de representação proporcional de lista aberta de larga escala, pois candidatos podem ganhar com votos altamente concentrados em pequenos bastiões, ou focalizar novos eleitores ou vizinhanças a cada nova eleição. Entre eleições, impor *accountability* também não é nada fácil. Um político acusado e condenado pelo Tribunal de Contas geralmente consegue permanecer no cargo, bastando para isso somente que entre com uma ação no Judiciário, mantendo a questão de sua inocência *sub judice*.[19] Até 2010, políticos somente podiam ser barrados de concorrer a cargos eletivos se tivessem sido condenados em última instância por um crime. Porém, as regras requeriam condenação definitiva (sem possibilidade de recurso), e isso significava pouca probabilidade de responsabilização na prática, em razão do tempo que se leva para obter condenação definitiva no sistema judicial brasileiro. Como resultado, era praticamente impossível remover líderes corruptos com a celeridade necessária, mesmo que a evidência contra os acusados fosse clara. Acatando a uma demanda da sociedade, organizada em torno de uma proposta de lei de iniciativa popular, em 2010 foi aprovada a chamada Lei Ficha Limpa, que tornou mais rígidas as regras sobre a inelegibilidade de políticos condenados por crimes. Até o momento da redação deste artigo, essa lei já barrou muitos candidatos, embora os primeiros passos do Judiciário na implementação da lei tenham sido confusos e tímidos.

O sistema político também tem enormes dificuldades em detectar e punir crimes de campanha eleitoral, à luz de um fraco processo de supervisão eleitoral pelo Judiciário (e.g. Sadek, 1995). O sistema de governança eleitoral pelo Judiciário é bastante eficiente de uma perspectiva puramente técnica, pois as cortes supervisionam eleições em larga escala de maneira bastante precisa: todos os votos são contados ao longo de um imenso território geográfico, um número enorme

19. No presente momento, ainda sob julgamento, sem sentença. [N.E.]

de candidaturas é registrado (quase 23 mil nas eleições nacionais e estaduais de 2010 e mais de 382 mil nas eleições municipais de 2008), e efetivamente incorporaram-se quantidades rapidamente crescentes de eleitores. Monitoramento e punição, contudo, deixam a desejar. Sobre eleições municipais, Speck descobriu que, nas eleições de 2000, para um em cada sete eleitores foi oferecido dinheiro em troca de seu voto para um candidato específico (2003). Processos judiciais raramente são iniciados nessas situações. Igualmente danoso é o fato de que as cortes eleitorais possuem poucos recursos para monitorar gastos de campanha – no TSE, por exemplo, apenas cinco funcionários supervisionaram e monitoraram todo o gasto eleitoral em 2005 (Taylor, 2006, p. 151) – tornando as contas de campanha "uma peça de ficção" (Bohn et al., 2002, p. 351). Poucas são as acusações bem-sucedidas de crimes eleitorais, seja para banir políticos que os cometeram, ou para puni-los criminalmente.

Além dos problemas criados pelos sistemas eleitoral e partidário, aqueles que advogam a reforma frequentemente sugerem rever três aspectos da relação entre Legislativo e Executivo. A fiscalização pelo Legislativo é complicada, em primeiro lugar, em razão dos fortes poderes Legislativos entregues ao Executivo: é o Executivo quem tem maior controle sobre a agenda do Legislativo e sua influência sobre as instâncias de fiscalização do Legislativo o capacitam para obstruir esforços do Legislativo no sentido de impor *accountability* (Abrucio; Loureiro, op. cit., p. 100). Em segundo lugar, o controle do Executivo sobre a liberação de verbas orçamentárias confere poder de barganha frente a membros recalcitrantes da coalizão durante discussões sobre políticas públicas (e.g. Figueiredo; Limongi, 1999 e 2002), e ao mesmo tempo dificulta a fiscalização da alocação de recursos. Finalmente, um grande número de cargos de livre nomeação e exoneração (cerca de 20 mil apenas no Executivo Federal) tem pelo menos dois efeitos salientes em termos de corrupção: ele aumenta a natureza "vencedor leva tudo" das disputas eleitorais e promove maior acesso no maquinário do Estado para redes de patronagem política.

2. Sociedade e mídia: Atores sociais e individuais são forças poderosas que permanecem subanalisadas no Brasil, bem como seu papel em desempenhar aquilo que Smulovitz e Peruzzotti (2006) denominam "*accountability* social". Além do papel crescente de eleitores individuais, novas organizações da sociedade civil devotam esforços para enfrentar problemas como crime, corrupção, direitos eleitorais e fiscalização do setor público.[20] Juntos, esses grupos têm influência potencial como "vigias" ou "alarmes de incêndio",[21] expondo corrupção e impondo sanções "simbólicas" ou "reputacionais" contra malfeitores potenciais, ativando instituições governamentais, que podem impor penalidades legais, e usando a mídia como um vetor para transmitir sua insatisfação em relação a corpos políticos.

Mas, como Smulovitz e Peruzzotti perceberam, o processo de *accountability* social tende a ser mais efetivo na imposição de sanções quando combina mobilização social com cobertura na mídia e medidas judiciais (2003, p. 327). Na ausência dessa combinação, os resultados da mobilização social podem ser desorganizados, fracos e pouco precisos. Em adição aos problemas com o processo judicial a serem explicados na próxima subseção, a fraqueza da mídia pode destruir as possibilidades para efetiva *accountability* societal.

A corrupção é noticiada ativamente na mídia impressa nacional brasileira, com média de 3,5 novos casos relatados por dia (Abramo, 2007, p. 96). Mas, como também afirma o autor, talvez por causa da baixa taxa de alfabetismo no Brasil,[22] a circulação de jornais é baixa, com o maior jornal brasileiro vendendo apenas 300 mil cópias por dia em um país de 188 milhões de habitantes. Além disso, essa circulação varia regionalmente, com residentes na região Nordeste recebendo consideravelmente menos informações sobre corrupção do que seus vizinhos no Sudeste. Mais danoso é o fato de que ser dono de jornais em muitas regiões do país não é economicamente viável, exceto no contexto do jogo político

20. Alguns exemplos de grupos que monitoram a corrupção são a Transparência Brasil e o Movimento de Combate à Corrupção Eleitoral. Mas o número de organizações trabalhando no mesmo sentido é crescente.

21. Cf. definição à página 185. [N.E.]

22. Apenas 26% da população é considerada plenamente alfabetizada (Instituto Paulo Montenegro, apud Abramo, 2007).

mais amplo: "Os jornais que existem nos estados mais pobres ou subsistem de maneira precária ou servem a outros propósitos além de gerar lucro para seus donos... Tais objetivos são, invariavelmente, políticos" (idem, op. cit, p. 105). Esse é um problema que se retroalimenta, pois o jornalismo politicamente motivado não responde às forças de mercado e pode afastar os empresários motivados pelo lucro para longe dos mercados menores.

Outras fontes importantes de notícias podem ser bem mais parciais do que os jornais. Os radiodifusores e as redes de televisão permanecem fortemente ligados às elites políticas, que podem impor dificuldades à transmissão de reclamações da sociedade ou deixar de reportar transgressões. A despeito da proibição constitucional de que representantes no Congresso Nacional sejam proprietários de concessões públicas, tais como licenças de rádio e televisão (Constituição de 1988, art. 54), um amplo número de políticos retém direitos de transmissão, com o controle político sobre a TV e o rádio seguindo um padrão similar ao da mídia impressa regional. As licenças de transmissão no estado de Roraima, por exemplo, são todas pertencentes a políticos, e em todos os estados do Nordeste essa proporção excede 50%; em São Paulo, esse número é menor, mas uma em cada cinco licenças é mantida por políticos (Santos; Capparelli, 2005, apud Barros Filho; Praça, 2006). De acordo com Abramo (2007), entre 2007 e 2010, 80 membros do Congresso Nacional controlavam ações em radiodifusores e/ou redes de televisão que excediam os R$ 100.000,00. Uma recente representação apresentada por uma organização da sociedade civil ao Ministério Público acusou 49 deputados e 28 senadores de serem proprietários de grupos midiáticos. Apesar de a Internet oferecer um potencial corretivo ao viés existente na mídia impressa, rádio e televisão, ainda não se tornou uma fonte importante de informação para a grande maioria dos cidadãos e, de qualquer forma, o conteúdo na Internet também é bastante influenciado pelos grandes mercados centrais de mídia.

Esse relacionamento entre mídia e política não ocorre por acidente. Controle sobre o consumo de informação e os veículos de mídia permite a grupos políticos filtrarem aquilo que é noticiado, potencialmente controlando mobilizações sociais. Os efeitos são potencialmente graves: um estudo demonstrou que quando auditores da Controladoria Geral da União (CGU) revelaram corrupção em municípios selecionados aleatoriamente, a existência de cobertura midiática competitiva fez grande diferença na *accountability* eleitoral. Em municípios com mais corrupção, porém, possuindo maior competição entre veículos de mídia, a divulgação das auditorias diminuiu a probabilidade de que políticos corruptos fossem reeleitos em cerca de um terço (Ferraz; Finan, 2005 e 2008).

3. Tribunais e *accountability* intraestatal: As possibilidades de *accountability* intraestatal são altamente influenciadas pelo sistema judicial. Um grande problema geral enfrentado pelo Brasil é a morosidade do Sistema Judiciário, que diminui a velocidade de transações comerciais, enfraquece a segurança pública e complica os esforços no combate à corrupção. Uma grande reforma judicial foi aprovada em 2004, e juizados de pequenas causas foram criados durante os anos 1990, o que levou a uma melhora no nível geral de congestionamento dos tribunais inferiores. Apesar disso, nenhuma das reformas deve promover significativas melhoras na eficiência da tramitação dos casos que envolvem corrupção.

Tal qual em outros lugares da América Latina, o Judiciário brasileiro é contaminado por excessivo formalismo, o que com frequência pode servir para esconder ou disfarçar atividade corrupta (Hammergren, 2006, p. 20). Ademais, os tribunais têm sido sobrecarregadas em razão de uma explosão em demanda, escassos recursos humanos, administração inábil, procedimentos altamente burocratizados e um código penal datado (e.g. Sadek, 1999; Speck, 2002; Taylor, 2008). O mau funcionamento do sistema judicial contribui para a adoção de alternativas informais para a resolução de disputas – como afirma Sadek (op. cit.), somente 55% daqueles envolvidos em conflitos regulados pela lei chegam a levar suas disputas para o Judiciário.

Três facetas dos códigos penais complicam a *accountability*. Primeiro, em muitos casos, é possível que acusados políticos aleguem direito de sigilo judicial, o que obscurece o entendimento público sobre as evidências existentes contra agentes públicos. Em segundo, a morosidade dos tribunais está em grande medida ligada a uma pletora de possíveis instrumentos de recurso que permitem a advogados retardar o processo até a prescrição dos crimes. Finalmente, altos políticos no nível federal, congressistas, ministros de Estado e juízes de alto escalão (cerca de 700 pessoas no total) possuem o direito ao foro privilegiado a nível federal, o que permite que suas acusações sejam ouvidas diretamente no Supremo Tribunal Federal (STF).[23] Conquanto se possa esperar que esse acesso direto acelere os julgamentos, pulando as congestionadas instâncias inferiores, na realidade, historicamente, o STF tem sido bastante tímido para condenar figuras políticas.

Ademais, dentro do próprio Judiciário, a combinação da exigência da condenação judicial por um tribunal colegiado, assim como de regras que visam proteger a independência dos juízes implicam o fato de que é extremamente difícil remover juízes corruptos. Poucos juízes condenados por atos de corrupção enfrentam punições mais severas do que aposentadorias forçadas. Não que muitos venham a ser processados: escutas policiais na última década, como as feitas na notória Operação Anaconda, envolveram em atos de corrupção juízes de praticamente todos os tribunais, inclusive do STJ, segunda corte na hierarquia do Judiciário, abaixo apenas do STF.[24] Apesar de o número de escutas ser encorajador e sugerir uma renovada vontade de enfrentar a corrupção inclusive nos mais altos escalões do poder, a triste realidade é a de que diversos juízes relacionados em múltiplos escândalos permanecem no mesmo lugar. Juntas, essa "imunidade" que os juízes possuem e a fraqueza (em particular a morosidade) do Judiciário como *locus* de *accountability* ajudaram a criar um manto de proteção para membros eleitos e não eleitos nos três ramos do governo cuja impunidade derruba a confiança pública no sistema político.

23. O artigo 102 da Constituição explicitamente dá ao STF jurisdição sobre casos envolvendo o presidente e o vice-presidente da República, membros do Congresso Nacional, ministros de Estado, o procurador-geral da República, juízes dos tribunais superiores e ministros do TCU.

24. Um interessante relato dos casos de corrupção no Judiciário nos anos 2000 pode ser encontrado em Vasconcelos, 2005.

Esforços anticorrupção

As percepções sobre a corrupção podem muito bem piorar antes de melhorar. Existe um acúmulo de investigações abertas – só agora as instituições de *accountability* existentes começam a se adaptar ao novo ambiente institucional, e permanece difícil atingir um consenso sobre como melhorar o sistema de *accountability*. Porém, a corrupção claramente se tornou tema central na agenda pública. Descobertas recentes de redes de corrupção tanto no Judiciário quanto no Legislativo – e mais importante, esforços para combatê-las – têm estimulado um consenso geral sobre a importância de enfrentar a corrupção.

A maior dificuldade ainda permanece o viés institucional de impunidade, especialmente para aqueles ricos e bem relacionados. Poucos políticos corruptos passam tempo significativo na cadeia, e até a primeira condenação em 2010, nenhum político havia sido condenado por atos criminosos no STF desde a aprovação da Constituição de 1988 (Brandt, 2007; AMB, 2007). Ademais, existe um acúmulo de inquéritos judiciais contra políticos a serem julgados pelo STF. Juntos, timidez e ineficiência significam que o foro privilegiado concedido a políticos se traduz em um tipo peculiar de impunidade.

Outras maneiras de remover agentes públicos corruptos de seus cargos incluem o processo de cassação de mandato. Esse procedimento apenas pode ser utilizado contra legisladores, os quais de outro jeito estão protegidos em seus cargos pela imunidade parlamentar. Cassações tipicamente têm requerido pressão pública significativa para que os parlamentares se disponham a levar o procedimento adiante. Entre 2003 e 2007, 105 membros de ambas as casas legislativas do Congresso Nacional foram referidos aos seus respectivos Comitês de Ética parlamentar sob acusações de quebra de decoro, e 180 foram acusados de atividade criminal. Desses, apenas quatro foram cassados, e esses números foram inflados pelo escândalo do mensalão (Congresso em Foco, 2006). Apesar de a cassação tornar políticos inelegíveis para cargos públicos, ela não impõe nenhuma pena criminal, seja ela multa, serviço comunitário ou privação de liberdade.

As CPI pipocam para todo lado, mas não são efetivas. A CPI tem sido um importante instrumento para investigar a corrupção política, porém, trata-se de uma instância inerentemente política. Como resultado, é raro que uma CPI avance muito sem o apoio da maioria dos congressistas, ou sem forte pressão pública, especialmente se o Executivo for contrário à investigação. Ademais, dado o prazo de 60 dias de uma CPI, o qual não pode ser estendido sem apoio da maioria, elas comumente não conseguem concluir suas investigações; apenas uma em cada cinco CPI produz um relatório final (Figueiredo, 2001). Mais importante, as CPIs são criticadas por produzirem muita fumaça, mas pouco fogo: suas investigações raramente produzem ações judiciais bem-sucedidas, apesar de gerarem sanções "reputacionais" que (com ou sem razão) maculam a imagem pública daqueles investigados.

Talvez o aspecto mais crucial do sistema de *accountability* esteja relacionado às complexas relações entre as várias instituições de *accountability* horizontal que existem na federação brasileira. O termo "instituições de *accountability* intraestatal" mais adequadamente engloba todas as instituições estatais formais que buscam monitorar, investigar, processar e/ou punir atos ilegais, incluindo especialmente, mas não exclusivamente, a corrupção. O número de tais instituições no Brasil é fenomenal, dado que, em boa medida, existem na realidade não três, mas quatro poderes de Estado na democracia brasileira: o Executivo, o Legislativo, o Judiciário e o Ministério Público (acerca do qual falaremos mais a respeito). Há três níveis de governo e diversas forças policiais e sistemas judiciais diferentes em cada nível da federação, assim como numerosas comissões *ad hoc* e grupos de trabalho transinstitucionais dentro do Legislativo e do Executivo,[25] encarregados de investigar corrupção e malversação de recursos públicos. Coordenar os esforços desse enorme número de instituições por meio de uma ampla jurisdição é uma tarefa hercúlea, que se torna ainda mais complicada pela necessidade de manter o sigilo das investigações sem sacrificar sua efetividade.

25. Por exemplo, o Conselho da Transparência Pública e Combate à Corrupção, composto por 18 membros, criado na CGU, em 2003.

A mais importante dessas instituições é o Ministério Público, amplamente considerado um "quarto Poder" por causa de sua considerável autonomia perante os outros três tradicionais Poderes de Estado (Mazzilli, 1993; e Sadek; Cavalcanti, 2003). O Ministério Público é uma importante instituição de *accountability* que emergiu como uma força poderosa nas duas últimas décadas, com responsabilidades que variam desde a investigação até a persecução judicial de criminosos. O Ministério Público é a instituição mais responsável por ativar os Tribunais em casos de malversação de recursos públicos, assim como em outros assuntos, e possui importante papel em desvendar crimes relacionados à corrupção (Arantes, 1997, p. 108).

Ao lado do Ministério Público, existe um enorme número de instituições burocráticas permanentes e altamente capacitadas que trabalham para melhorar a *accountability* no sistema político brasileiro. Elas incluem os Tribunais de Contas – que auditam contas públicas nos níveis federal, estadual e municipal –, a CGU – criada em 2001 e que tem tido papel particularmente ativo em monitorar os gastos federais nos níveis municipal e estadual –, e a Polícia Federal – a qual tem cada vez mais se envolvido na investigação de corrupção política –, além de diversas forças-tarefa no nível estadual que enfrentam a corrupção e o crime organizado.[26]

Ainda assim, apesar da importância dessas agências burocráticas em coordenar mecanismos, o esforço combinado dessa rede institucional está aquém do desejado.[27] Um primeiro problema se encontra nas condições internas de cada burocracia: há pouco tempo, a PF cultivava fama por ser ela própria corrupta, por exemplo. Senso comum sugere que os Tribunais de Contas são subservientes aos interesses do Executivo em razão da longa prática de nomear políticos em vias

26. Talvez os mais proeminentes sejam os esquadrões Gaeco (Grupo de Atuação Especial de Repressão ao Crime Organizado), que atuam em vários estados e são geralmente compostos por promotores, com a assistência investigativa de policiais destacados ou até mesmo aposentados.

27. Para uma discussão mais ampla a repeito das interações entre as diversas instituições da rede de *accountability* no Brasil, veja Power e Taylor (2011).

de se aposentar para compor seus órgãos julgadores. Talvez mais importante e frequentemente ignorado: no nível federal, o TCU comumente encontra sinais de desvios de recursos que permanecem desconsiderados. Foi o caso no escândalo de desvio de recursos na construção do TRT de São Paulo, no final dos anos 1990, assim como no que levou o senador Renan Calheiros a desistir de seu posto como presidente do Senado Federal, em 2007. Nesse último escândalo, o TCU havia questionado, em 2001, o papel de uma empreiteira, a qual alegadamente havia obtido seu contrato com o governo por meio de auxílio de políticos de alto escalão; em mais de 60 processos subsequentemente analisados pelo TCU o nome da mesma firma apareceu no quadro de suspeitos. Nada foi feito até o caso começar a atrair a atenção da mídia, em 2007, em boa medida por causa da lentidão com a qual os tribunais trataram as acusações do TCU.

O Ministério Público também sofre com a vagarosidade das cortes somada a uma extrema independência de seus próprios membros. A autonomia do Ministério Público em relação ao Executivo e ao Legislativo foi obtida em parte pela garantia de independência aos seus membros individuais em relação aos seus superiores dentro da própria instituição. Como resultado, a efetividade agregada do Ministério Público depende em grande extensão da vontade individual de cada promotor em levar a cabo investigações e processos judiciais de sua própria iniciativa, um desenho institucional que pode complicar a coordenação geral (e.g. Kerche, 2003, p. 120; Arantes, 2002).[28]

Ao mesmo tempo, todas as instituições listadas anteriormente argumentam não ter orçamento grande o suficiente para realizar seu trabalho a contento. Todas são restritas em alguma medida pela extensão das rígidas leis que regem a burocracia brasileira, em especial as que protegem sobremaneira os funcionários públicos concursados de perderem o cargo ou serem suspensos dele (essas proteções subsistem mesmo que o funcionário público esteja sob investigação, o que

28. Uma discussão mais ampla de instituições individuais, suas funções e falhas pode ser encontrada em Speck (2002); um resumo das relações entre as CPI, o Ministério Público, a Política Federal e os Tribunais de Contas pode ser encontrado em Taylor e Buranelli (2007).

pode tornar extremamente difícil desbaratar ninhos de corrupção uma vez que eles se alojem dentro da burocracia).

Um segundo problema está relacionado às rivalidades entre instituições, especialmente entre promotores nos Ministérios Públicos e seus pares nas forças policiais. Tais rivalidades com frequência sabotam grandes investigações e processos judiciais em larga escala, a não ser que haja uma clara e forte pressão política em favor da cooperação. Talvez o fato mais danoso seja a falta de coordenação entre todas essas instituições de *accountability*, o que leva àquilo que foi denominado "ortodontia imperfeita" do processo de *accountability*:

> Para utilizar uma analogia dental, o problema não é sempre a falta de instituições individuais com dentes, mas, sim, a ortodontia entre os vários dentes institucionais; a performance de todo o sistema de *accountability* fica comprometida, pois ele está repleto de buracos e sobreposições entre as instituições. Sobreposições entre áreas de responsabilidade ou, ao contrário, buracos entre áreas de responsabilidade e a extrema independência de várias instituições podem se combinar para criar um sistema marcado por impressionante performance institucional em alguns níveis, porém, ineficiência geral (Taylor; Buranelli, 2007, p. 63).[29]

A tendência de todas as instituições de *accountability* no Brasil é enfatizar a missão de investigar em vez de fiscalizar,[30] e isso aliado à falta de punições efetivas cria um problema significativo no *framework* institucional em pelo menos duas frentes. Primeiro, marginalizam-se essas duas tarefas igualmente importantes (fiscalização e punição). Segundo, tende a criar muitos calos nos quais pisar. A

29. Veja argumentos similares também em Bailey e Dammert, 2006, p. 255; e Speck, 2002, p. 481.

30. Fiscalização é o processo de monitoramento da probidade ou efetividade de instituições. Fiscalização pode ser feita por meio de auditorias constantes e regulares, ameaças de auditorias aleatórias, ou ainda criando um canal para delações. A despeito da estratégia, fiscalização idealmente deve promover um recurso institucional no qual cidadãos e outras instituições podem obter relatórios das ações de determinada burocracia em determinado momento.

sobreposição de responsabilidades burocráticas não necessariamente precisa ser um empecilho, e pode até mesmo ajudar a preservar a integridade e melhorar a efetividade das investigações. Mas, no caso, as rivalidades criadas no campo das investigações podem muito bem prejudicar as duas tarefas, igualmente importantes, de fiscalização e efetiva punição de atos corruptos.

Em suma, a existência de uma miríade de instituições de *accountability*, com fortes rivalidades entre elas, e a tendência da maioria em se concentrar na tarefa de investigação em vez de aquela com menos *glamour* e de resultados imediatos, por meio da fiscalização contínua, contribuem para a considerável dificuldade em efetivamente impor restrições à corrupção e seus agentes. Não apenas essa organização institucional complica a tarefa de punir corrupção efetivamente, paradoxalmente pode levar a um aumento na percepção de corrupção na população, pois cada instituição que investiga corrupção tenta sair na frente, mostrando sua contribuição ao revelar os detalhes mais sórdidos que descobriu no último escândalo. O resultado pode ser um aumento na percepção pública da corrupção, sem, contudo, haver um aumento compensatório na percepção de que algo efetivamente está sendo feito para punir os corruptos e prevenir atos de corrupção futuros. Some a isso o fato antes mencionado sobre a morosidade do Judiciário, e a linha praticamente espectral de *accountability* eleitoral que existe entre políticos e eleitores – o que limita a atenção (*responsiveness*) prestada ao público de muitos políticos. A soma desses fatores leva à considerável frustração com os processos de responsabilização.

Expectativas

Dito isso, tem havido importantes, apesar de graduais, avanços institucionais feitos a partir de meados dos anos 1990. Alguns avanços tratam de muito mais do que apenas corrupção, tal como a Lei de Responsabilidade Fiscal, que limita o nível de endividamento do Estado ao mesmo tempo que requer medidas de transparência fiscal e informação ao público. Um avanço institucional similar tem sido o dramático aumento de poder da Receita Federal, à luz da alta prioridade dada ao balanço fiscal desde a implementação do Plano Real. Em razão de pressões da Receita, novos controles foram criados, o que permite maior monitoramento das transações financeiras. Desde 2007, bancos precisam fornecer suas listas de clientes para o Banco Central, o que facilita investigações judiciais, centralizando o processo de coleta de informações. Outros avanços têm como alvo especificamente a corrupção, tal como as auditorias aleatórias da CGU em estados e municípios, as quais têm exposto chocantes casos de profunda corrupção local. A criação do Conselho Nacional de Justiça e do Conselho Nacional do Ministério Público, em 2004, apesar de relativamente recente, pode ajudar a diminuir alguns dos piores abusos dentro do Judiciário e do Ministério Público: esses conselhos estão enfrentando assuntos espinhosos como o nepotismo, os salários abusivamente altos e casos individuais de corrupção.

Escândalos recentes de corrupção ajudaram a produzir pressão em favor de diversas importantes mudanças legislativas as quais, tomadas em seu conjunto, podem contribuir para fortalecer medidas anticorrupção. Na esteira do escândalo dos anões do orçamento no início dos anos 1990, por exemplo, mudanças introduzidas no processo Legislativo diminuíram os poderes discricionários da Comissão de Orçamento e Finanças do Congresso Nacional (Praça, 2007, p. 15). Ademais, em resposta a esses escândalos, a Emenda Constitucional 35 autorizou o STF a abrir inquéritos e investigar membros do Congresso Nacional sem primeiro precisar pedir autorização à respectiva casa legislativa. Respondendo a diversas críticas sobre a falta de ética envolvida no chamado "troca-troca" partidário, tanto o STF quanto o TSE procuraram limitar a prática, o que pode vir a ter grandes efeitos no futuro gerenciamento de coalizões. Outras importantes mudanças ao longo da última década incluem: um significante aumento nas penalidades pela compra de votos; uma nova lei contra lavagem de dinheiro; aprimoramento das leis que versam sobre evasão fiscal; e uma série de medidas que melhoram a investigação e aceleram o processo judicial, incluindo acesso facilitado a dados fiscais, bancários e telefônicos, uma nova lei sobre escutas telefônicas e a introdução do instituto jurídico da "delação premiada".

Uma última fonte de mudança vem de fora. Não apenas empresas e governos estrangeiros começaram a financiar esforços anticorrupção, mas o Brasil está cada vez mais envolvido em esforços internacionais. Em 2005, o Brasil assinou a Convenção das Nações Unidas Contra a Corrupção, comprometendo-se a adotar uma série de medidas preventivas e cooperar com outras nações na aplicação da lei, cooperar na recuperação de recursos frutos de atos criminosos, desviados para outros países, e participar na troca de informações sobre casos de corrupção. Apesar de que nem todas as formas de intervenção internacionais sejam bem-vindas, outra forma de influência estrangeira é o crescente papel que agências de outros países atuantes no combate ao crime e na aplicação da lei passaram a adquirir em relação a investigações sobre casos de corrupção no Brasil. No caso do ex-prefeito da cidade de São Paulo, Paulo Maluf, por exemplo, autoridades europeias cooperaram para congelar seus recursos financeiros em bancos suíços, e mais recentemente Maluf foi indiciado pelo District Attoney's Office (Ministério Público) de Nova York por crimes financeiros relacionados a atos de corrupção, quando de seu mandato como prefeito de São Paulo.

Existe muito chão pela frente ainda, claro. A reforma do Judiciário de 2004 pouco fez para melhorar a probabilidade de que atos de corrupção sejam mais rapidamente julgados, e nada fez para eliminar os privilégios que complicam o efetivo processamento judicial de acusados no alto escalão. Infelizmente, a aprovação da reforma de 2004 também exauriu muito do *momentum* político em favor de amplas reformas no Judiciário. O escândalo do mensalão gerou algum apoio para uma reforma política, porém, "o diabo permanecerá nos detalhes". Poucos políticos detentores de cargos eletivos estão interessados em adotar a proposta eleitoral mais discutida, uma mudança para o modelo eleitoral híbrido alemão; há muita oposição legislativa, pois tal reforma significaria o fim da representação de lista aberta e poderia, portanto, custar os cargos a alguns deputados atuais.

Apesar de todo pessimismo que justificadamente cerca o debate sobre corrupção no Brasil, é importante reconhecer que o copo está meio cheio. Corrupção é a exceção, e não a regra, coisa que é um importante ponto de partida quando consideramos o Brasil em perspectiva comparada. Muitos países ao redor do mundo exibem menos *accountability* horizontal e vertical e sofrem muito mais corrupção. No Brasil, em contraste, o poder é contestado, mesmo que de maneira desigual, bens públicos são distribuídos em respeito a um mínimo de igualdade, a corrupção não é vista como aceitável pela sociedade e existe uma clara distinção entre as esferas pública e privada de atividade.[31] Apesar de haver bastante elasticidade no Brasil, comportando decisões particularistas, tais eventos não são percebidos como legítimos ou democraticamente justificáveis.

Referências bibliográficas

Abramo, Cláudio Weber. "Corrupção no Brasil: a perspectiva do setor privado". 2002. Disponível em: <www.transparencia.org.br>. Acesso em: 19 mar. 2007.

———. "A Portrait of Disparities". *Brazilian Journalism Research*, v. 3, n. 1, 2007.

———; Capobianco, Eduardo Ribeiro. "Licitaciones y contratos públicos: el caso de Brasil". *Nueva Sociedad*, n. 194, 2004.

Abrucio, Fernando Luiz; Loureiro, Maria Rita. "Finanças públicas, democracia e *accountability*". In: Biderman, Ciro; Arvate, Paulo (orgs.). *Economia do setor público no Brasil.* São Paulo: Elsevier Editora, 2005.

Almeida, Alberto Carlos. *A cabeça do brasileiro*. São Paulo: Editora RCB, 2007.

Ames, Barry. "Electoral Rules, Constituency Pressures and Pork Barrel: Bases of Voting in the Brazilian Congress". *Journal of Politics*, v. 57, n. 2, 1995.

———. *The Deadlock of Democracy in Brazil.* Ann Arbor: University of Michigan Press, 2001.

Amorim Neto, Octavio; Cox, Gary W.; McCubbins, Mathew D. "Agenda Power in Brazil's Câmara dos Deputados, 1989-98". *World Politics*, v. 55, 2003.

Arantes, Rogério Bastos. *Judiciário e política no Brasil.* São Paulo: Idesp, 1997.

———. *Ministério Público e política no Brasil.* São Paulo: Educ, 2002.

31. Essas quatro medidas diagnósticas foram extraídas de Mungiu-Pippidi (2006, p. 91-4).

Associação dos Magistrados Brasileiros – AMB. *Juízes contra a corrupção.* Brasília: AMB, 2007.

Attuch, Leonardo. *A CPI que abalou o Brasil: os bastidores da imprensa e os segredos do PT.* São Paulo: Editora Futura, 2006.

Bailey, John; Dammert, Lucía. "Assessing Responses to Public Insecurity in the Americas" In: Idem (orgs.). *Public Security and Police Reform in the Americas.* Pittsburgh: University of Pittsburgh Press, 2006.

Barros Filho, Clóvis de; Praça, Sérgio. "The Political and Journalistic Fields in Brazil: Autonomy and *Habitus*". *Brazilian Journalism Research,* v. 2, n. 2, 2006.

Bohn, Simone Rodrigues da Silva; Fleischer, David; Whitacker, Francisco. "A fiscalização das eleições". In: *Caminhos da Transparência.* Speck, Bruno Wilhelm (org.). São Paulo: Editora da Unicamp, 2002.

Brandt, Ricardo. "Denúncia de Jefferson faz 2 anos, parada no STF". *O Estado de S. Paulo,* 8 jun. 2007.

Chang, Eric C. C. "Electoral Incentives for Political Corruption under Open-List Proportional Representation". *The Journal of Politics,* v. 67, n. 3, 2005.

Congresso em Foco. "Quase um terço do Congresso está sob suspeita". 20 set. 2006. Disponível em: <congressoemfoco.uol.com.br>. Acesso em: 21 abr. 2007.

Costa, Soraia; Sardinha, Edson; Cardoso, Renato; Taffner, Ricardo. "O preço da eleição". *Congresso em Foco.* 17 nov. 2006. Disponível em: <congressoemfoco.uol.com.br>. Acesso em: 10 maio 2007.

Da Matta, Roberto. *Carnavais, malandros e heróis: para uma sociologia do dilema brasileiro.* Rio de Janeiro: Zahar Editores, 1979.

Davis, Charles L.; Ai Camp, Roderic; Coleman, Kenneth M. "The Influence of Party Systems on Citizens' Perceptions of Corruption and Electoral Response in Latin America". *Comparative Political Studies,* v. 37, n. 6, 2004.

Della Porta, Donatella; Vannucci, Alberto. "The 'Perverse Effects' of Political Corruption". *Political Studies,* v. XLV, 1997.

Ferraz, Claudio; Finan, Frederico. "Exposing Corrupt Politicians: The Effect of Brazil's Anti-Corruption Program on Electoral Outcomes". Manuscrito. Berkeley: University of California, 2005.

———. "Exposing Corrupt Politicians: The Effect of Brazil's Anti-Corruption Program on Electoral Outcomes". *Quarterly Journal of Economics*, v. 123, n. 2, 2008.

Figueiredo, Argelina Cheibub. "Instituições e política no controle do Executivo". *Dados – Revista de Ciências Sociais*, v. 44, n. 4, 2001.

———. "Incentivos eleitorais, partidos e política orçamentária". *Dados – Revista de Ciências Sociais*, v. 45, n. 2, 2002.

———; **Limongi, Fernando.** *Executivo e Legislativo na nova ordem constitucional*. Rio de Janeiro: Editora da FGV, 1999.

Flynn, Peter. "Collor, Corruption and Crisis: Time for Reflection". *Journal of Latin American Studies*, v. 25, n. 2, 1993.

Freitas, Silvana. "Pesquisa da AMB mostra rejeição a foro privilegiado". *Folha de S.Paulo*, 29 set. 2007.

Geddes, Barbara; Ribeiro Neto, Artur. "Institutional Sources of Corruption in Brazil". *Third World Quarterly*, v. 13, n. 4, 1992.

Global Integrity. *2006 Global Integrity Report*. Washington, D.C.: Global Integrity, 2007.

Goldfrank, Benjamin; Wampler, Brian. "From Petista Way to Brazilian Way: How the PT Changes in the Road". *Debates*, Porto Alegre, v. 2, n. 2, jul./ dec. 2008.

Hammergren, Linn A. "Running Faster and Still Losing Ground? Some Emerging Paradoxes of Latin American's Judicial Reform Movement". Artigo apresentado no III Congresso da Alacip. Campinas, 4-6 set. 2006.

Heineman Jr., Ben W.; Heimann, Fritz. "The Long War Against Corruption". *Foreign Affairs*, v. 85, n. 3, 2006.

Heywood, Paul. "Political Corruption: Problems and Perspectives". *Political Studies*, n. XLV, 1997.

Hunter, Wendy; Power, Timothy J. "Rewarding Lula: Executive Power, Social

Policy, and the Brazilian Elections of 2006". *Latin American Politics and Society*, v. 49, n. 1, 2007.

Ibope Opinião. *Pesquisa de opinião pública sobre corrupção e ética*. Brasil: jan. 2006. Disponível em: <www.ibope.com.br>. Acesso em: out. 2007.

IMF World Economic Outlook Database. Disponível em: <www.imf.org/external/pubs/ft/weo>. Acesso em: abr. 2007.

Kerche, Fabio. *O Ministério Público no Brasil*. Tese de Doutorado. São Paulo, Departamento de Ciência Política, FFLCH-USP, 2003.

Lacerda Teixeira, Egberto. "O Jeito: instituição jurídica brasileira com foros internacionais". *Revista dos Tribunais*, n. 437, 1972.

Linz, Juan J.; Valenzuela, Arturo. *The Failure of Presidential Democracy*. Baltimore: Johns Hopkins University Press, 1994.

Macaulay, Fiona. "Federalism and State Criminal Justice Systems." In: *Corruption and Democracy in Brazil: The Struggle for Accountability*. Power, Timothy J.; Taylor, Matthew M. (ed.). Notre Dame: University of Notre Dame Press, 2011.

Mainwaring, Scott. "Brazilian Party Underdevelopment in Comparative Perspective". *Political Science Quarterly*, v. 107, n. 4, 1993.

———. "Introduction: Democratic Accountability in Latin America". In: Mainwaring, Scott; Welna, Christopher (orgs.). *Democratic Accountability in Latin America*. Oxford: Oxford University Press, 2003.

Mazzilli, Hugo Nigro. *Regime jurídico do Ministério Público*. São Paulo: Saraiva, 1993.

Moraes, Diego. "O custo deputado". *Congresso em Foco*, 7 set. 2006. Disponível em: <congressoemfoco.uol.com.br>. Acesso em: 1 abr. 2007.

Moreno, Erika; Crisp, Brian F.; Shugart, Matthew Soberg. "The Accountability Deficit in Latin America". In: Mainwaring, Scott; Welna, Christopher (eds.). *Democratic Accountability in Latin America*. Oxford: Oxford University Press, 2003.

Mungiu-Pippidi, Alina. "Corruption: Diagnosis and Treatment". *Journal of Democracy*, v. 17, n. 3, 2006.

Nye, J. S. "Corruption and Political Development: A Cost-Benefit Analysis". *American Political Science Review*, v. 61, n. 2, 1967.

O'Donnell, Guillermo. "Delegative Democracy". *Journal of Democracy*, n. 5, 1994.

Opinião Pública. "Encarte Tendências". *Opinião Pública*, v. 12, n. 1, abr./maio 2006.

Praça, Sérgio. "Corrupção no Processo Orçamentário Brasileiro". *Getulio*, v. 1, n. 2, mar. 2007.

Power, Timothy J.; Taylor, Matthew M. (orgs.). *Corruption and Democracy in Brazil: The Struggle for Accountability*. South Bend: University of Notre Dame Press, 2010.

Raile, Eric D.; Pereira, Carlos; Power, Timothy J. "The Presidential Toolbox: Generating Support in a Multiparty Presidential Regime". *Paper* apresentado no 2006 Annual Meeting of the American Political Science Association. Filadélfia, 2006.

Rose-Ackerman, Susan. "Is Leaner Government Necessarily Cleaner Government?". In: Tulchin, Joseph; Espach, Ralph (orgs.). *Combatting Corruption in Latin America*. Baltimore, MD: The Johns Hopkins University Press, 2000.

Rosenn, Keith S. "The Jeito: Brazil's Institutional Bypass of the Formal Legal System and its Developmental Implications". *American Journal of Comparative Law*, n. 19, 1971.

———. "Brazil's Legal Culture: The Jeito Revisited". *Florida International Law Journal*, v. I, n. 1, 1984.

Sadek, Maria Tereza. *A Justiça Eleitoral e a consolidação da democracia no Brasil*. São Paulo: Konrad Adenauer Stiftung, 1995.

———. "O Poder Judiciário na Reforma do Estado". In: Pereira, Luiz Carlos Bresser; Wilheim, Jorge; Sola, Lourdes (orgs.). *Sociedade e Estado em transformação*. São Paulo: Editora da Unesp, 1999.

———; Rosângela Batista Cavalcanti. "The New Brazilian Public Prosecution: An Agent of Accountability". In: Mainwaring, Scott; Welna, Christopher (orgs.). *Democratic Accountability in Latin America*. Oxford: Oxford University Press, 2003.

Samuels, David. "Money, Elections, and Democracy in Brazil". *Latin American Politics and Society*, v. 43, n. 2, 2001.

Santos, Luiz Alberto dos; Graef, Aldino; Guerzoni Filho, Gilberto; Fier, Florisvaldo. "Contratação e Nepotismo". In: Speck, Bruno Wilhelm (org.). *Caminhos da Transparência.* São Paulo: Editora da Unicamp, 2002.

Santos, Suzy dos; Capparelli, Sérgio. "Coronelismo, radiodifusão e voto: a nova face de um velho conceito". In: Brittos, Valério Cruz; Bolaño, César R. (orgs.). *Rede Globo: 40 anos de poder e hegemonia.* São Paulo: Paulus, 2005.

Sardinha, Edson. "Exclusivo: a radiografia da infidelidade partidária". *Congresso em Foco*, 11 dec. 2006. Disponível em: <congressoemfoco.uol.com.br>. Acesso em: 1 abr. 2007.

Smulovitz, Catalina; Peruzzotti, Enrique. "Societal and Horizontal Controls: Two Cases of a Fruitful Relationship". In: Mainwaring, Scott; Welna, Christopher (orgs.). *Democratic Accountability in Latin America.* Oxford: Oxford University Press, 2003.

———. *Enforcing the Rule of Law: Social Accountability in the New Latin American Democracies.* Pittsburgh: University of Pittsburgh Press, 2006.

Sola, Lourdes; Whitehead, Laurence. *Statecrafting Monetary Authority: Democracy and Financial Order in Brazil.* Oxford: Centre for Brazilian Studies, 2006.

Speck, Bruno Wilhelm (org.). *Caminhos da Transparência.* São Paulo: Editora da Unicamp, 2002.

———. "A compra de votos – Uma aproximação empírica". *Opinião Pública*, v. IX, n. 1, 2003.

———; Sadek, Maria Teresa; Figueiredo, Marcelo; Felippe, Kenarik Boujikan. "Os autores do sistema de justiça". In: Speck, Bruno Wilhelm (org.). *Caminhos da Transparência.* São Paulo: Editora da Unicamp, 2002.

Stein, Ernesto; Tommasi, Mariano; Echebarría, Koldo; Lora, Eduardo; Payne, Mark (orgs.). *The Politics of Policies: Economic and Social Progress in Latin America. 2006 Report.* Washington, D.C.: Inter-American Development Bank, 2006.

Stepan, Alfred; Skach, Cindy. "Constitutional Frameworks and Democratic Consolidation: Parliamentarism *versus* Presidentialism". *World Politics*, n. 46, 1993.

TAYLOR, MATTHEW M. "Justiça Eleitoral". In: Avritzer, Leonardo; Anastási, Fátima (orgs.). *Reforma política no Brasil.* Belo Horizonte: Editora da UFMG, 2006.

———. *Judging Policy: Courts and Policy Reform in Democratic Brazil.* Stanford: Stanford University Press, 2008.

———; VINICIUS BURANELLI. "Ending up in Pizza: Accountability as a Problem of Institutional Arrangement in Brazil". *Latin American Politics and Society,* v. 49, n. 1, 2007.

TRANSPARENCY INTERNATIONAL. *Global Corruption Report 2006.* London: Pluto Press, 2006.

TREISMAN, DANIEL. "What Have We Learned About the Causes of Corruption From Ten Years of Cross-National Empirical Research?". *Annual Review of Political Science,* n. 10, 2007.

TRIBUNAL SUPERIOR ELEITORAL (TSE). Disponível em: <www.tse.gov.br/internet/index.html>. Acesso em: maio 2007.

TULCHIN, JOSEPH; RALPH ESPACH (EDS.). *Combatting Corruption in Latin America.* Baltimore, MD: The Johns Hopkins University Press, 2000.

VASCONCELOS, FREDERICO. *Juízes no banco dos réus.* São Paulo: PubliFolha, 2005.

VAZ, LUCIO. *A ética da malandragem: no submundo do Congresso Nacional.* São Paulo: Geração Editorial, 2005.

WARREN, MARK E. "What Does Corruption Mean in a Democracy?". *American Journal of Political Science,* v. 48, n. 2, 2004.

———. "Political Corruption as Duplicitous Exclusion". *PS: Political Science and Politics,* v. 39, 2006.

WEYLAND, KURT. "The Politics of Corruption in Latin America". *Journal of Democracy,* v. 9, n. 2, 1998.

———. "The Brazilian State in the New Democracy". In: Kingstone, Peter; Power, Timothy (orgs.). *Democratic Brazil: Actors, Institutions and Processes.* Pittsburgh: University of Pittsburgh Press, 2000.

WWF-IBOPE. "Águas no Brasil: A visão dos brasileiros". Pesquisa de opinião da World Wildlife Federation e Ibope, dez. 2006.

A Controladoria como um modelo integrado de controle para as organizações do setor público

Oscar Adolfo Sanchez[1]
Marcelo Araújo[2]

A corrupção é um fenômeno extremamente complexo e suas manifestações assumem inúmeras formas. Suas causas são também diversas e constituem uma realidade observável em quase todos os países e em diferentes períodos históricos.

Os países da América Latina estão, quase todos, sob regimes democráticos há algumas décadas. Por serem democracias relativamente novas, muitas sofrem por ter ainda um desenvolvimento institucional insuficiente, o que fragiliza qualquer regime político. Não obstante, alguns desses países têm evoluído dentro de um marco institucional com estabilidade legal e com a continuidade das "regras do jogo" (o Brasil talvez seja o melhor exemplo). De modo geral, os problemas que os afetam estão mais relacionados com as questões vinculadas ao exercício do po-

1. Doutor em Ciência Política pela Universidade de São Paulo. Autor de diversos trabalhos na área de corrupção e transparência, entre eles: "A corrupção e os controles internos do Estado". *Revista Lua Nova*, São Paulo, v. 65, p. 137, 2005; "O poder burocrático e o controle da informação". *Revista Lua Nova*, v. 58, p. 89-119, 2003; e "Os controles internos". In: Bruno Speck (org.). *Caminhos da Transparência*. Campinas: Editora da Unicamp, 2002, v, p. 29-50. Autor também das Séries Didáticas: *O Governo Eletrônico no estado de São Paulo*. São Paulo: Cedec, 2003; e *Guia: Mecanismos de combate à corrupção e de apoio à cidadania*. São Paulo: Cedec, 2001. Atualmente trabalha na Casa Civil do Governo do Estado de São Paulo.

2. Mestre em Ciência Política pela Universidade de São Paulo. Autor de trabalhos na área de corrupção, entre eles: "A transparência e os controles internos". *Cadernos Cedec*, São Paulo, v. 79, p. 1-86, 2006; e "A corrupção e os controles internos do Estado". *Revista Lua Nova*. São Paulo, v. 65, p. 137, 2005.

der político e administrativo do que com aquelas relativas ao modo de ascensão ao poder. Isto é, estão relacionadas com o dia a dia da administração pública e com a gestão dos recursos públicos. A corrupção, por exemplo, não apenas diminui os ingressos do governo, mas influi nas regulações e nas políticas públicas, gerando condições que desfavorecem tanto a efetividade de sua ação quanto sua imagem perante o cidadão.

O controle e a responsabilização dos agentes públicos por suas atividades, a punição por eventuais atos ilícitos e a prestação de contas de seus atos aos cidadãos e a outras instituições constituem característica fundamental nos sistemas democráticos modernos. Essa demanda por controle é potencializada pela opacidade do poder de que nos fala Norberto Bobbio, um poder submerso, invisível, entendido como a negação da democracia, que é idealmente o governo do poder visível, cujos atos se desenvolvem em público, sob o controle da opinião pública (1990, p. 175). No entanto, como assinala Andréas Schedler, a ideia de controlar o poder é a de circunscrevê-lo, discipliná-lo, restringi-lo, e não eliminá-lo (1999, p. 46). Procura-se limitar arbitrariedades, prevenir abusos, mantê-lo dentro das normas e procedimentos estabelecidos.

No entanto, exercer o controle sobre as atividades dos agentes públicos é uma tarefa complexa. A literatura cita uma série de razões. A primeira é que os agentes, como quaisquer outros funcionários, não querem ser controlados. Isso porque existe uma relação entre a necessidade dos funcionários de obter uma maior flexibilidade para o desempenho de suas funções e a necessidade da cúpula da organização em estabelecer controles para saber se o funcionário as realiza com eficiência e eficácia. Em segundo lugar, é necessário levarmos em conta as dificuldades de se implementar reformas que levem a um aumento do poder de controle, derivadas do problema quase insolúvel da assimetria de informação entre controlador e controlado. As cúpulas dirigentes encontram dificuldades em estabelecer controles específicos, pois normalmente faltam-lhes conhecimentos técnicos e organizacionais necessários. E, finalmente, o trabalho de monitorar, sancionar e incentivar demanda altos custos, absorve energias da organização e limita a produtividade (Canela, 2003, p. 14; Sanchez, 2003, p. 157).

Nesse contexto, o objetivo geral deste artigo é apresentar um modelo integrado de controle interno para as organizações do setor público que maximize as possibilidades de controle sobre os agentes do Estado, em especial no que se refere ao da corrupção. Por entendermos o controle interno como um sistema, isto é, constituído de várias unidades administrativas interligadas de forma orgânica, chamaremos tal sistema de Controladoria.

O modelo parte de dois pressupostos elementares. Em primeiro lugar, que dificilmente pode-se exercer um controle eficaz sem *expertise* dos órgãos do sistema de controle, *expertise* entendida como um conhecimento profundo tanto do funcionamento da organização, da arquitetura dos processos, quanto das manifestações das diferentes formas de poder que podem influenciar esse funcionamento. Em segundo, que a eficácia desse controle está intimamente relacionada ao aumento do grau de racionalidade administrativa das atividades públicas. Os pressupostos levam-nos ao objetivo particular do artigo, que é mostrar que o controle interno pode também ser um poderoso instrumento de gestão. Nesse sentido, o modelo de Controladoria apresentado neste trabalho nos remete à ideia de um órgão que articula todas as fases do controle interno – o planejamento, a execução, a avaliação e a correição – e tem por finalidade garantir a captação e o tratamento da informação organizacional, a criação de conhecimento, e a intervenção, quando necessária. Ou seja, um conjunto de atribuições que permitem não apenas realizar as atividades típicas dos órgãos de controle: corrigir falhas, apontar erros e tornar caro o custo de ser corrupto, mas também aproveitar esses recursos para contribuir com a organização na obtenção de ganhos de racionalidade administrativa. O que trataremos de desenvolver neste artigo são alguns fundamentos que norteiam a montagem desse modelo de Controladoria, e sua correspondente estrutura organizacional, considerando a complexidade das organizações públicas.

A Controladoria

O controle na administração pública, de forma geral, apresenta-se basicamente sob três formas. A primeira, de evitar *irregularidades*, minimizar possibilidades de dolo ou fraude que resulte em desfalque, desvio de bens ou outras situações que levem prejuízo para o Estado. É uma ação de controle que se exerce para impedir, por exemplo, a corrupção burocrático e/ou administrativa. A segunda, de a diminuição das *impropriedades*, isto é, de atividades malfeitas ou de erros de boa-fé, procedentes de desinformação ou falta de conhecimento dos funcionários na realização de determinadas tarefas. E, finalmente, refere-se a ações de controle do *desempenho*, que está relacionado ao esforço dos funcionários em realizar suas tarefas, com a finalidade básica de evitar um baixo padrão produtivo. O último necessita de uma explicação um pouco mais detalhada.

Quando falamos nos controles dos agentes de Estado, estamos nos referindo essencialmente a controles sobre a máquina do Estado, sua burocracia. Embora a burocracia da administração pública seja em muitos aspectos diferente da das empresas privadas, elas têm em comum o fato de serem constituídas por uma série de contratos do tipo empregador/empregado. Esses contratos podem ser mais ou menos abrangentes a respeito das responsabilidades que cada parte terá de desempenhar, mas sempre serão incompletos porque é difícil explicitar previamente, e com alto grau de precisão, qual deve ser o desempenho dos funcionários de uma organização (Williamson, 1989, p. 85).

No que se refere à produtividade, é sumamente difícil medir a hora trabalhada. A discrepância entre a disponibilidade do empregado, o tempo real de trabalho e a porção de tempo de trabalho efetivamente relevante para o produto final pode ser evidente nos setores produtivos, mas não é imediatamente evidente nos setores administrativos. Os esforços em aumentar a produtividade geralmente são dirigidos ao "tempo morto", ao período no qual o funcionário deixa de produzir. Esse "tempo morto" ou é responsabilidade da organização ou é de responsabilidade do empregado, por exemplo, por falta de esforço (ou por irresponsabilidade) ao realizar determinada tarefa. Essas situações podem ser minimizadas pela *racionalização* burocrática, quando a responsabilidade for da organização, e pelo *controle*, quando a responsabilidade for do funcionário (Thiry-Cherques, 1996, p. 17).

Para poder aumentar o grau de racionalização das atividades administrativas e as possibilidades de controle sobre a atuação dos funcionários, seria necessário, em primeiro lugar, o desenvolvimento de instâncias administrativas com objetivos claros e bem definidos que institucionalizem a realização dessas funções. Isso porque, no setor público, as instâncias que assumem essas incumbências normalmente são difusas, pouco integradas e variam de acordo com o grau de importância que outorga a essas tarefas o grupo que está temporariamente no poder. E, em segundo lugar, é necessário adquirir um recurso básico: *conhecimento técnico e organizacional* para a consecução de seus objetivos (Araújo; Sanchez, 2005, p. 162).

Nas organizações do setor privado, essas questões são tratadas pela literatura de Governança Corporativa e de Gestão do Conhecimento. Entretanto, essa literatura, embora importante, não é totalmente adaptável à realidade das organizações do setor público, pois elas apresentam características particulares. Como organizações políticas, o desenvolvimento de um maior grau de racionalização e de controle na administração pública requer do desenvolvimento de certas destrezas específicas para o enfrentamento da complexa rede de inter-relações funcionais e fontes de poder que cruzam as organizações públicas. Para tratar essas questões assumiremos que a instância incumbida da tarefa de aumentar o grau de racionalização e as possibilidades de controle é um órgão que chamaremos a Controladoria, entendido como órgão central do Sistema de Controle Interno. E as destrezas específicas serão chamadas de *expertise organizacional* e *expertise técnica*, aspectos fundamentais para o controle que serão vistos mais adiante.

Entendemos a Controladoria como o órgão responsável por assistir diretamente à cúpula da organização quanto aos assuntos relacionados à defesa do patrimônio público, ao incremento da transparência e às possibilidades de ganhos em racionalidade na gestão por meio de atividades de controle interno, auditoria, correição, ouvidoria e prevenção e combate à corrupção. Portanto, entendemos a Controladoria como um único corpo com diferentes funções.

A concepção da Controladoria apresentada aqui remete à ideia de um órgão que domine e articule todas as fases do controle com a finalidade de garantir a criação do conhecimento adequado para assessorar a cúpula dirigente no processo decisório e, assim, contribuir na busca da eficácia organizacional. Portanto, o primeiro passo é a implementação de um órgão central de coordenação, articulador do sistema, aqui chamado de Gabinete. O Gabinete seria um "centro de gravidade" capaz de unir a rede de interações funcionais resultantes do fluxo de trabalho inerente à gestão e ao controle. O Gabinete precisa ter um posicionamento central no sistema, o que facilitaria a criação das condições necessárias para o controle de outros recursos de poder, principalmente informação, e para a posterior utilização de forma produtiva dessa informação, o que chamamos de *expertise para o controle.*

A *expertise*

Entendemos *expertise* como a especialização no domínio dos conhecimentos, habilidades e normas que proporcionam a capacidade de resolver de forma eficaz problemas relacionados a atividades específicas. A *expertise* pode ser entendida como o conhecimento contextualmente relevante, ou seja, como o conhecimento sintetizado e aplicado à determinada situação para ganhar maior profundidade. Assim, ter *expertise* para o controle significa captar informações, criar conhecimento e ter aptidão para aplicar e fazer uso produtivo desse conhecimento. Em se tratando de administração pública, ter *expertise* significa conhecer a natureza específica desse ambiente organizacional.

A obtenção de conhecimento é uma etapa essencial para o domínio das habilidades que proporcionam o desenvolvimento de *expertise.* Nesse sentido, a literatura especializada mostra que existem dois tipos de conhecimento que uma organização gerencia: o *explícito* e o *tácito* (Nonaka; Takeuchi, 1997, p. 142). Aprender a lidar com esses tipos de conhecimento vai permitir diferenciar dois tipos de *expertise*: a *organizacional* e a *técnica*. A última está associada ao *conhecimento tácito*, relação que será desenvolvida mais adiante. A *expertise* organizacional está associada ao domínio do conhecimento explícito.

A *expertise* organizacional

O *conhecimento explícito* é um conhecimento que pode ser codificado, transmitido com certa ordem por meio de linguagem sistemática e formal (textos, gráficos, tabelas, figuras, diagramas) e normalmente pode ser registrado tanto em papel quanto em formato eletrônico. É o entendimento das metodologias de trabalho, das regras, das diferentes bases de dados utilizadas, dos *softwares* e suas aplicações e dos diversos sistemas de direção e gestão formal (Nonaka; Takeuchi, op. cit., p. 45). Refere-se também ao conhecimento dos diversos *processos administrativos* estabelecidos na legislação.

O conhecimento explícito permite entender o funcionamento da organização, os procedimentos e suas etapas, a área de atuação, os produtos e serviços oferecidos, o ambiente, as pessoas e o que estiver relacionado ao corpo organizacional. É fundamental para poder mobilizar as habilidades necessárias para a consecução dos objetivos da organização. A capacidade de obter conhecimento explícito é diretamente proporcional ao grau de racionalidade administrativa de uma organização. Ou seja, quanto mais racional for o ambiente, menores serão os custos para captar e transmitir informação, porque o andamento dos processos administrativos torna-se mais previsível.

Obter esse conhecimento é, em larga medida, condição necessária e suficiente para a aquisição de *expertise* organizacional nas organizações do setor privado. No caso do setor público, o conhecimento explícito é condição necessária, mas não suficiente. No ambiente estatal, existe um complicador, que é a necessidade de também se obter conhecimento sobre o funcionamento do próprio Estado. Isso indica ser necessário adquirir o que chamaremos de *conhecimento estratégico*, isto é, conhecimento sobre as arenas de poder e sobre recursos disponíveis aos diversos atores ou setores da organização e do entorno.

Para exemplificar: um gestor contratado pela cúpula dirigente de uma empresa privada para comandar a reorganização de um setor irá demorar algumas semanas para entender o funcionamento da organização e começar a implantar seu programa de trabalho. O mesmo gestor, ao assumir o mesmo encargo em uma organização pública, normalmente terá grandes dificuldades em levar adiante o empreendimento. Esse é um fato demais conhecido pelas pessoas que assumem cargos públicos. O gestor adquirir conhecimento explícito não é o principal problema, tanto na organização pública quanto na privada, porque esse conhecimento normalmente está codificado em linguagem formal e registrado em papel ou em formato eletrônico, embora, como observamos, o grau de racionalidade administrativa seja um fator determinante na tarefa. O problema do novo gestor será transformar suas determinações em atos concretos. Daí a necessidade de se adquirir esse tipo de conhecimento que permita criar estratégias para aumentar a capacidade de fazer cumprir as decisões, o que daria maior condição de implementação de reformas na gestão administrativa. Esse assunto será desenvolvido no decorrer do trabalho.

O domínio sobre os dois problemas, isto é, da obtenção do conhecimento explícito e do conhecimento estratégico, é o que chamamos de *expertise organizacional*. Em outras palavras, é um conhecimento profundo tanto do funcionamento (os meandros) da organização quanto das manifestações das diferentes formas de poder que podem influenciar esse funcionamento. A *expertise* organizacional, como apresentada aqui, não se refere ao setor privado. É um meio de adquirir capacidade de fazer cumprir as decisões e de transformar as determinações em atos concretos no aparelho do Estado.

A aquisição de *expertise* organizacional é uma tarefa complexa que requer habilidades técnicas, organizacionais e políticas, pois as deficiências em termos de informação limitam a efetiva capacidade de controle sobre as atividades desenvolvidas na organização. A redução das possibilidades de impropriedades, irregularidades e baixo padrão produtivo implica a elaboração de estratégias que visem melhorar a qualidade e o fluxo de informações, ou seja, assegurar que as unidades administrativas, em particular as que fazem parte da Controladoria, façam chegar ao Gabinete dados e informações que permitam entender o ambiente da organização, para a conversão dessa informação em conhecimento e para a aquisição de *expertise* para o controle. O primeiro passo é saber lidar com a grande quantidade de dados e informações produzidas pelas organizações estatais, o que requer do aparelhamento de estruturas técnicas capazes de realizar essas tarefas. Uma dessas estruturas é o *setor de informática*.

A informação

A informação sobre os procedimentos da administração pública para o controle é produzida basicamente por dois tipos de mecanismos, denominados *patrulha de polícia* e *alarme de incêndio* (McCubbins; Schwartz, 1984, p. 16-79). São instrumentos que guardam certa correspondência com os controles de mercado, e serão vistos mais adiante. Os mecanismos de patrulha de polícia são controles de natureza direta, que permitem acompanhar passo a passo a execução dos processos administrativos. São os tradicionais controles administrativos, financeiros e contábeis, além de atividades de auditoria e fiscalização.

Um dos problemas com esse tipo de mecanismo é a ineficiência. Pode ser, por exemplo, um entrave ao normal desenvolvimento das atividades públicas, pois que supõem uma interposição do órgão controlador que pode retardar ou até interromper o processo de execução das tarefas. Além disso, há o problema da ineficácia, pois esses controles não garantem a minimização das oportunidades de corrupção. Embora estejam interligadas, é necessário diferenciar as duas questões. O fato de existir ineficiência dos controles não significa ausência de informação, ela apenas é demorada para fluir pela estrutura da organização. Diferentemente, há ineficácia quando não há capacidade de obtenção de informação, o que pode acontecer por problemas de gestão ou quando a informação fica retida pelos grupos detentores de poder no interior da burocracia (centros de poder).

A ineficácia pode ser analisada a partir da seguinte perspectiva: quando se institui uma norma legal que estabelece a realização de determinado tipo de controle, é necessária a implementação de mecanismos operativos capazes de fazer cumprir a norma. Essa tarefa demandará, provavelmente, o reaparelhamento do órgão controlador existente ou a criação de um novo. Ambas situações poderão requerer novos insumos, novas técnicas de controle, novas tecnologias e mais recursos humanos. Em outras palavras, demandarão maiores recursos para o controle. Podem existir situações nas quais os custos sejam considerados muito altos e, consequentemente, seja tomada a iniciativa de não se fornecer os recursos suficientes para seu funcionamento. Assim, os controles tornar-se-ão existentes apenas no papel. Dessa forma, pode-se cumprir a norma legal, mas com um controle totalmente ineficaz. Outra situação é quando determinado setor, dado seus altos recursos de poder, simplesmente não acata a norma alegando problemas de implementação por "questões técnicas".

O insulamento pode acontecer para encobrir corrupção, mas não apenas isso. Um funcionário ou um setor da organização pode, também, querer ocultar informação, por exemplo, quando: (a) a informação for de especial valor para sua própria carreira; (b) imaginar que compartilhar certa informação refletirá negativamente nele ou no setor da organização em que trabalha; (c) desconfiar do uso que o destinatário fará da informação; (d) acreditar que terá custos para provar a veracidade da informação, se ela for compartilhada (Pocoví; Farabollini, 2002, p. 37). O ocultamento de informações, de fato, irá afetar a capacidade dos dirigentes de tomar decisões e pode produzir efeitos negativos para toda a organização.

A possibilidade de obter informações é muito dependente da tecnologia. A ausência de tecnologias adequadas afeta a capacidade de acompanhar a execução das atividades e de comprovar qualquer desrespeito às regras inicialmente definidas, ou seja, pode tornar o custo do controle muito caro. Contudo, o advento de um novo instrumental que surgiu na década de 1990, a chamada Tecnologia de Informação e Comunicação (TIC), possibilitou importantes transformações na administração pública porque permitiu uma velocidade de geração e disseminação de informações sem precedentes na história. Esse potencial inédito para diminuir os custos de obtenção de informação tornou possível melhorar os instrumentos do tipo patrulha de polícia, torná-los mais eficientes e diminuir em alguma medida os entraves causados na execução das tarefas cotidianas da administração e na prestação de serviços ao cidadão. É importante notar que o impacto é direto e deriva do próprio avanço tecnológico, podendo ser entendido como uma diminuição de custos obtidos pela automação. Além disso, a partir do uso de instrumentos da TIC, é possível obter diminuição de custos por ganhos em racionalidade administrativa. Mas isso não é uma questão apenas tecnológica, depende da habilidade humana em explorar com melhor critério o avanço tecnológico (Sanchez, 2005, p. 156).

A tecnologia é apenas uma ferramenta, e seu uso tem potencial para facilitar, acelerar e melhorar os processos administrativos – ela dificilmente os determina. Automatizar tarefas sem analisar seus objetivos pode resultar apenas em uma mecanização do modelo administrativo existente, a menores custos é verdade, mas que pode não ser muito relevante para a minimização da assimetria de informação entre controlador e controlado. Em outras palavras, se um órgão público está sustentado em um modelo dotado de baixa racionalidade organizacional, apropriado para a proliferação de setores autônomos capazes de controlar fontes de poder, a informatização pode apenas reproduzir de forma eletrônica essa situação. Ou seja, a automação por si mesmo não resolve o problema da falta de informação para o controle, derivada dos centros autônomos de poder dentro de uma organização burocrática estatal.

A questão central em uma modernização do parque tecnológico é o de garantir a interoperabilidade de todos os sistemas de informação, isto é, a existência de padrões e de infraestrutura que tornem compatíveis os sistemas das diferentes unidades administrativas. No entanto, garantir apenas a interoperabilidade é condição necessária, mas não suficiente. A literatura sobre Governo Eletrônico mostra que as modernizações administrativas realizadas com a ajuda de instrumentos da TIC são muito mais eficazes quando acompanhadas de novas formas de organizar as atividades. Requerem o redesenho dos processos que serão afetados pelos novos instrumentos, a simplificação das tarefas e a revisão dos circuitos de informação (Holanda, 2002, p. 102; e Pocoví; Farabollini, op. cit., p. 35). Esse processo tende a elevar significativamente o grau de racionalidade administrativa. O problema com tal forma de modernização está no fato de, necessariamente, modificar as relações de poder existente na organização. Isso irá alterar o equilibro existente e desencadear resistências na tentativa de manter os recursos de poder setoriais derivados do controle da informação (Sanchez, op. cit., p. 95). Portanto, a modernização demanda o envolvimento direto da Controladoria na formulação das estratégias de comunicação e informatização, no sentido do estabelecimento de normas, padrões e critérios de conectividade.

Além disso, cobrar que as diretrizes estratégicas traçadas sejam cumpridas não é uma questão pacífica no setor público. Sempre haverá resistências de setores na implementação de novos modelos organizacionais por razões técnicas. O assunto nos leva ao entendimento de que o setor central de informática, por ser um importante instrumento para o controle da organização, deve ser considerado parte fundamental da Controladoria, o que daria condições para um melhor gerenciamento das estratégias de informação e maior capacidade de controle.

A transparência

A incorporação do setor de informática à estrutura da Controladoria facilita a captação de informações pelos mecanismos de patrulha de polícia. No entanto, embora essencial para a diminuição da assimetria de informação, não é o único instrumento que pode garantir as informações necessárias para o controle. Existem também os mecanismos de alarme de incêndio, instrumentos capazes de intermediar a complexa relação entre os cidadãos e os órgãos públicos.

Os mecanismos de alarme de incêndio são uma correspondência aos chamados controles de mercado. Com as informações obtidas por esses mecanismos, uma empresa pode estabelecer comparações de desempenho com outras empresas similares em diferentes aspectos, por exemplo, quanto à qualidade e rapidez do atendimento de seus funcionários. A queda da demanda por causa desses problemas gera perdas aos proprietários, pois os clientes podem mudar de fornecedor. Para obter mais informações, os proprietários tendem a reforçar mecanismos que canalizam as reclamações e as demandas dos consumidores por vias formais do tipo *call center* ou SAC (Serviço de Atendimento ao Consumidor). Dessa forma, obtêm informação do público a baixo custo a respeito do desempenho de sua empresa. No setor público, a ação interventora normalmente se produz em regime de monopólio e não oferece condições de comparação. No entanto, é possível reduzir os efeitos negativos dessa falta de concorrência por meio da criação de mecanismos que encaminhem, por vias formais, as reclamações e demandas dos usuários dos serviços públicos. São os mecanismos de alarme de incêndio.

A produção de informações a partir desse tipo de mecanismo está diretamente relacionada ao conceito de *transparência administrativa*, da qual faz parte. Existe uma tendência a se pensar a transparência apenas como uma exigência que está dirigida a um poder que reluta em cumpri-la (Schedler, 1999, p. 54). No entanto, a transparência pode se converter em um recurso de poder, em um instrumento estratégico para o controle. Ou seja, a promoção de transparência deveria ser compreendida como um instrumento para a obtenção de informação (a baixo custo) pela Controladoria. Por exemplo, as consultas públicas, os *call centers*, os SAC e os telefones para denúncias são esforços administrativos para ampliar a transparência e aperfeiçoar os mecanismos de participação da sociedade. No entanto, é a instituição da Ouvidoria nos órgãos públicos que talvez seja o principal canal administrativo de obtenção de informação do tipo alarme de incêndio.

Seu objetivo primário é a defesa e a promoção dos direitos pela aplicação das normas e pela mediação. Tem como função avaliar a procedência das sugestões, reclamações e denúncias dos cidadãos e encaminhar essas formas de participação às autoridades competentes – aspecto mais conhecido da atuação do Ouvidor. Na consecução do seu trabalho, ao sondar os problemas que dizem respeito às demandas que lhe são encaminhadas, a Ouvidoria pode penetrar nos meandros burocráticos e constituir uma visão estrutural da organização, o que lhe permitiria contribuir para a identificação de problemas e na proposição de novos procedimentos, constituindo-se assim em uma importante fonte de informação para o controle (Lyra, 2005, p. 10).

Com relação ainda aos diversos modos de obtenção de informação por mecanismos do tipo alarme de incêndio, é necessário destacar a importância da regulamentação dos mecanismos citados. Tal regulamentação deve ter como prioridade a promoção da participação social. Em outras palavras, é necessário implementar procedimentos e rotinas administrativas que garantam que as demandas da sociedade sejam claramente respondidas. Se os demandantes, organizados ou não, entenderem que sua participação é inócua, não haverá motivação alguma para a participação. Outro aspecto é organizacional. O poder dessa fonte de informação para o controle depende da arquitetura burocrática e do fluxo contínuo de informações para o Gabinete.

Imaginemos a seguinte situação: determinada reclamação chega à Ouvidoria. Esta, pelo procedimento corrente, repassa tal reclamação ao departamento administrativo pertinente, o qual, por sua vez, responde ao cidadão e informa ao Ouvidor que sua tarefa foi cumprida. No caso, se tanto a reclamação quanto a resposta não chegam de forma pormenorizada ao Gabinete, perde-se informação valiosa para a gestão e o controle. A Ouvidoria e os outros mecanismos de obtenção de informações do tipo alarme de incêndio requerem do desenvolvimento de uma política organizacional que não apenas facilite a implementação de instrumentos que tornem possíveis a sistematização das sugestões, demandas e denúncias da sociedade, mas que seja capaz de gerenciar as informações recolhidas de modo a criar conhecimento.

Embora a natureza dos mecanismos de captação de informação do tipo patrulha de polícia e do tipo alarme de incêndio sejam diferentes, ambos dependem, proporcionalmente, do nível de racionalidade da burocracia apresentada pela administração pública. O que diferencia os dois mecanismos é o tipo de informação que cada um pode obter. No caso dos mecanismos de patrulha de polícia, são basicamente informações de natureza direta, ou seja, administrativas. Nos mecanismos de alarme de incêndio, as informações obtidas são de natureza indireta, como indícios de irregularidades, reclamos sobre tipos de serviço prestados, propostas de regulamentação, entre outras. Em suma, os instrumentos de uma organização que visam aumentar o grau de transparência e de participação social, em especial a Ouvidoria, não podem estar desvinculados funcionalmente do esforço organizacional de controle, isto é, deveriam estar integrados à Controladoria, assim como o setor de informática, pois ambos são recursos essenciais para a aquisição de *expertise* organizacional.

A *expertise* técnica

Nas grandes organizações é difícil observar continuamente o trabalho dos funcionários porque a informação normalmente é imperfeita, ou pode não estar disponível. Para minimizar o problema, a Controladoria deve contar com mecanismos que diminuam o hiato informacional e adquira *expertise* organizacional para o controle. Mas existe outro problema: mesmo adquirindo *expertise* organizacional, pode faltar competência técnica ou conhecimento específico ao órgão de controle para saber avaliar as escolhas dos funcionários, ou seja, julgar com relativa exatidão a qualidade de seu desempenho e a honestidade de suas ações. Dessa forma, a questão colocada agora é a seguinte: como exercer o controle em situações nas quais os funcionários tomam decisões baseadas em um conhecimento técnico que o setor de controle não possui? A falta de capacidade de avaliação sobre as escolhas técnicas pode levar a inúmeras situações de corrupção.

Um exemplo explicativo do abuso do conhecimento técnico é o que pode acontecer em processos licitatórios. Neles, é o agente público quem estabelece no edital a possibilidade de participação de empresas por meio da definição de condições especiais (financeiras e técnicas). Por meio desse conhecimento, o agente pode, por exemplo, propositalmente excluir a maioria dos potenciais concorrentes para favorecer determinada empresa, o que ocasiona prejuízos à organização, pois pagará mais caro pelo produto ou serviço. Ainda no mesmo exemplo, a decisão sobre o vencedor da licitação é produto de um julgamento do agente público, que pode favorecer determinada empresa utilizando aspectos técnicos subjetivos (Abramo et al., 2002, p. 14).

O tipo de conhecimento que permite tomar escolhas técnicas é chamado de *conhecimento tácito* (Nonaka; Takeuchi, op. cit., p. 85). Significa o saber extenso de uma tarefa específica adquirido pela educação, por conhecimentos teóricos e práticos, pelo acúmulo de experiência, e por *know-how* e habilidades utilizadas no desempenho diário. Esse conhecimento é pessoal e específico ao contexto. A subjetividade presente nesse processo faz com que ele seja considerado de difícil estruturação e, assim, complexo de ser comunicado. Além disso, oferece um alto grau de poder de especialização pela competência em uma determinada área ou tema. O conhecimento tácito é uma ferramenta necessária em qualquer organização para a realização de suas tarefas. Mas também pode ser utilizado para construir bases de poder, ou para obter vantagens pessoais, ostentando-o ou ocultando-o, enfatizando seu caráter único e insubstituível.

Toda organização, para a manutenção de sua memória institucional, procura a conversão do conhecimento tácito em explícito, o que não é uma tarefa simples, dada a dificuldade de documentar a vivência e o *know-how* de seus funcionários. No entanto, existem algumas técnicas que tornam possível, em alguma medida, essa documentação, que pode ser entendida como o conjunto de métodos, processos e rotinas que buscam desenvolver e controlar todo tipo de conhecimento em uma organização. Isso é denominado Gestão do Conhecimento. Basicamente, significa permitir que o conhecimento de um indivíduo – ou setor – seja registrado e disponibilizado a outros indivíduos – ou setores – para evitar que o conhecimento não fique sobre a guarda restrita de poucos (Campos, 2007, p. 14).

Ter completa capacidade de avaliação sobre as escolhas técnicas é um problema de difícil solução em grandes organizações, dado o imenso custo que demandaria, por exemplo, a realização de auditorias para avaliar cada escolha. O problema pode ser minimizado (não resolvido) com a aquisição de *expertise* técnica, que se refere a um conjunto de habilidades que permitam determinado controle sobre esse tipo de escolha.

O entendimento do que significa dado, informação e conhecimento é importante para o desenvolvimento de *expertise* técnica e a formulação de arranjos mais eficazes de controle. Vejamos a seguinte situação, baseada em um exemplo real. O caso está simplificado para efeitos explicativos.

Determinada unidade de controle de um órgão público foi encarregada de verificar os preços que o governo pagava pelas marmitas de alimentação nas dezenas de presídios existentes em um estado. O pedido deveu-se ao fato de que até aquele momento não havia controle sobre a economicidade. Existia apenas controle sobre a legalidade dos contratos.

O primeiro passo da unidade foi reunir as cópias dos contratos assinados com as empresas que prestavam o serviço para extrair os preços pagos pelas marmitas. Uma vez reunidos e tabelados, a unidade governamental estava em posse de *dados*. Esses dados recolhidos sobre os preços pagos pelos diferentes presídios foram sistematizados, agrupados e comparados. Comprovou-se inicialmente que existia grande dispersão de preços e de modalidades de contratos para o mesmo serviço. Criou-se assim *informação*, isto é, dados dotados de pertinência e propósito.

Essa informação permitiu à unidade de controle tomar duas medidas. Em primeiro lugar, elaborou um contrato padronizado e foi "recomendado" aos gestores dos presídios que utilizassem esse modelo de contrato nas novas licitações. E em segundo lugar, estabeleceu-se que a mediana dos preços pagos até esse momento seria o Valor de Referência (VR) que os gestores dos presídios deviam acompanhar na assinatura de novos contratos. Ou seja, os gestores podiam pagar valores inferiores ao VR, mas apenas com uma justificativa plausível podiam pagar preços superiores, dada a padronização estabelecida. A informação permitiu criar um controle básico de preços.

No entanto, pouco tempo depois, foi verificada a existência de alguns problemas. O primeiro era de *enforcement*. Diversos gestores que realizavam as licitações utilizavam as mais diferentes justificativas técnicas (ou pseudotécnicas) para não utilizar o contrato padronizado. Dessa forma, a decisão da unidade de controle era ignorada e os gestores escapavam ao controle de preços. O segundo foi uma consequência não esperada. De fato, diversos gestores que pagavam acima do VR reduziram os preços pagos nas novas licitações. No entanto, muitos dos que pagavam abaixo desse valor começaram a pagar mais caro, aproximando-se do próprio VR. Nesse caso, pouco podia ser cobrado dos gestores, pois estavam cumprindo a norma. Em consequência, não houve a redução de gastos esperada porque o que se economizou reduzindo os preços dos que pagavam acima do VR perdeu-se com a elevação de preços dos que pagavam abaixo de tal valor. Finalmente, não se sabia se esse VR era alto ou baixo comparado com os preços de mercado, porque a base tinha sido estipulada pela mediana sobre os valores pagos pelo próprio governo antes do controle. A situação mostra que a informação permite aos gestores entender e levantar questões, mas não diz, necessariamente, qual é o melhor caminho para a solução de problemas ou para a melhora do controle.

Foram então realizados três estudos técnicos com o intuito de criar *conhecimento* para que pudessem ser minimizados os problemas. O primeiro resultou na elaboração de um novo modelo de contrato padronizado, profundo o suficiente para não dar mais margens a questões contratuais dúbias e, por esse motivo, tornado obrigatório. Não mais podia ser contestado por motivos "técnicos". O segundo foi um estudo sobre o preço das marmitas no mercado. Assim, a unidade de controle do governo teve condições de criar um novo VR de preços a pagar, respeitadas as particularidades regionais, que se revelou bastante inferior ao anteriormente estabelecido. Isso limitou as possibilidades de corrupção. E o terceiro estudo permitiu a automatização do processo licitatório, inclusive o acompanhamento *on-line* de suas diferentes etapas. A unidade de controle passou a ter um importante instrumento de gestão, assim como a capacidade de suspender qualquer processo preventivamente na possibilidade de eventuais irregularidades ou impropriedades (Sanchez, 2005, p. 156).

Esse mesmo arranjo de controle foi aplicado sucessivamente a 13 diferentes modalidades de serviços terceirizados e, ao cabo de algum tempo, verificou-se que o governo não apenas havia economizado uma expressiva quantidade de recursos, mas também que passou a ter grande controle sobre a gestão das operações. O exemplo indica, em primeiro lugar, como reformas tecnológicas servem de apoio à gestão administrativa e podem influir em determinado arranjo de controle, mas não defini-lo. Isso depende das estratégias adotadas. Em segundo, mostra como o investimento em conhecimento pode ter (e normalmente tem) relação custo/benefício muito positiva. A criação desse tipo de conhecimento permitiu o desenvolvimento de uma *expertise* sobre o assunto, que limitou as oportunidades de corrupção por meio da constituição de um arranjo de controle que passou a atuar, com certo grau de estabilidade, como guia da conduta dos agentes públicos.

No exemplo citado, a capacidade de acompanhar facilmente o andamento de uma licitação, pela automação, proporcionou à unidade de controle o desenvolvimento de *expertise* organizacional. E os conhecimentos necessários para *saber como fazer* um contrato e saber *quanto pagar* pelo produto proporcionou à unidade de controle o desenvolvimento de *expertise* técnica. Esse conhecimento oferece os subsídios para comparar e avaliar as escolhas técnicas dos funcionários.

No setor privado, existem mecanismos de mercado que exercem, por comparação, certo controle sobre as escolhas técnicas, mas isso raramente acontece no setor público. Desse modo, existe a necessidade do desenvolvimento de algumas ferramentas que permitam trabalhar o problema. As ferramentas são estudos técnicos que promovem a criação de conhecimento e a elaboração de modelos, metodologias, indicadores e padrões de eficiência. Os argumentos sugerem a importância do desenvolvimento do que pode ser o instrumento mais alto de controle: a Inteligência.

A Inteligência

Para realização de suas atividades, a Controladoria deve criar condições para obtenção de informação a baixo custo, recorrendo ao desenvolvimento coordenado e racional dos mecanismos de patrulha de polícia e de alarme de incêndio. No entanto, informação dispersa e fragmentada tende a limitar a capacidade de criação de conhecimento e a aquisição de *expertise* para o controle. Há que se transformar a informação desagregada em conhecimento estratégico, tarefa a qual requer a promoção de um contexto favorável a esse desenvolvimento. Isso destaca a necessidade da implementação de uma unidade especializada capaz de subsidiar as atividades do Gabinete e das demais unidades da Controladoria na realização dessas tarefas. Ela será chamada aqui de *Unidade de Inteligência,* entendida como uma unidade com capacidade de obter informações provenientes da organização e do ambiente, e capacidade de interpretação e análise para fazer uso apropriado dessas informações.

Uma Unidade de Inteligência seria uma estrutura com a finalidade de realizar os três processos básicos de criação de inteligência, a saber: a *preparação da informação,* a *exploração sistemática das fontes de informação* e a *análise* (Natsui, 2002, p. 54).

O primeiro processo, a *preparação,* refere-se à identificação das necessidades e das fontes de informação com o objetivo de reduzir o hiato informacional existente entre a burocracia e o controle. Além disso, contempla a identificação das categorias de conhecimentos que são necessários para apoiar as estratégias da organização, assim como entender como deve ser planificado e gerenciado esse conhecimento para assegurar seu máximo retorno.

O segundo processo é *a exploração sistemática das fontes de informação.* Retomando aqui os assuntos abordados, trata-se da engenharia que permite a transformação dos dados em informação e posteriormente em conhecimento. Um aspecto principal dessa engenharia diz respeito ao fluxo e à coleta de dados e informações. Nesse sentido, há duas principais preocupações a destacar: a primeira é com o bom desenvolvimento da rede Intranet, que é a ferramenta central de comunicação no interior das organizações, pois é por meio dela que grande parte dos dados e das informações são capturados e distribuídos; e a segunda, com a qualidade dos dados e das informações que fluem pelo sistema, ou seja, ter a garantia de que estejam corretos e bem definidos.

O uso de ferramentas da TIC contribui significativamente com o encaminhamento de soluções para os problemas com o conhecimento explícito, mas não resolve quando se trabalha com o formato tácito do conhecimento. No exemplo das marmitas de alimentação de presos, tanto para a obtenção de dados quanto para a transformação desses dados em informação, os instrumentos da TIC foram importantes no barateamento de custos, mas não decisivos na criação de conhecimento. Nessa tarefa, existe uma maior ação da mente humana que na criação de informação. A partir da informação, as pessoas, com base em seus conhecimentos e experiências, fazem observações subjetivas (Nonaka; Takeuchi, op. cit., p. 47), o que nos leva ao terceiro processo básico de criação de inteligência: a *análise*.

Análise significa desenvolvimento de abordagens estruturadas para processamento de informação e de conhecimento reunidos. Esse trabalho envolve o estabelecimento de relações entre inúmeras variáveis disponíveis para o controle e a transformação dessas variáveis em fontes de conhecimento para a tomada de decisões, com o auxílio de estudos técnicos, pesquisas e avaliações. O objetivo a alcançar é o desenvolvimento de um conjunto de ferramentas analítico focado essencialmente no controle preventivo, isto é, estruturado de modo a ter capacidade não apenas de detectar casos de impropriedades ou de corrupção, mas de antecipar-se a eles, desenvolvendo meios para prevenir sua ocorrência por meio de bases sistemáticas e integradas, que exijam mais do que decisões intuitivas e implícitas em relação a elas (Ribeiro Vieira, 2006, p. 12).

De modo geral, existem dois métodos importantes para se prever a probabilidade de eventos futuros: (a) o uso de informações históricas para gerar previsões probabilísticas; e (b) a *modelagem do futuro* pela análise prospectiva. O uso de informações históricas implica o desenvolvimento de uma memória institucional. Como em qualquer âmbito, público ou privado, contar exclusivamente com a memória de indivíduos significa arriscar-se a perder *expertise*, pois pessoas migram de emprego ou de setor. A Unidade de Inteligência requer mecanismos que retenham e estruturem o conhecimento adquirido e dependam de políticas e estratégias para retenção de conhecimento.

As informações históricas para gerar previsões probabilísticas de eventos futuros é a matéria-prima básica para a modelagem do futuro. No entanto, é preciso levar em conta que em ambientes dinâmicos, nos quais nos deparamos com cenários complexos, ambíguos e incertos, a realização de pesquisa prospectiva também é importante, pois trata-se de uma visualização do futuro quando ele não pode ser encarado como uma simples extrapolação do passado, mas como um conjunto de possíveis futuros, conforme mude o cenário. Mediante a construção de cenários exploratórios, por meio de metodologias específicas, podem ser identificadas ameaças de irregularidades e oportunidades de melhoria da gestão. Ou seja, a pesquisa prospectiva tem como objetivo permitir ao analista prever decisões mais adequadas às necessidades organizacionais.

Por exemplo, uma vez estabelecidos os objetivos organizacionais, devem-se identificar os riscos – isto é, a incerteza associada ao cumprimento de um objetivo – que ameacem seu cumprimento e tomar as ações necessárias para seu gerenciamento (Cardoso, 2006, p. 12), tornando necessário o desenvolvimento de metodologias de mapeamento de riscos que permitam identificar as vulnerabilidades da organização a desvios e ingerências de interesses, internos ou externos, nos diferentes processos de trabalho. Metodologias capazes "de orientar o analista a identificar situações em que as variáveis que poderiam reduzir a incerteza não estejam apropriadamente definidas ou disponíveis, propiciando assim oportunidades para eventuais escolhas nas decisões que configurem, por exemplo, corrupção" (Ribeiro Vieira, op. cit., p. 26). Esses procedimentos têm como principal contribuição a orientação e a promoção do aperfeiçoamento dos processos administrativos, pois assim permite revelar vulnerabilidades desconhecidas pelos agentes do controle, apontar os aspectos que precisam ser controlados em cada procedimento para diminuir as possibilidades de riscos e identificar erros ou omissões na condução de processos decisórios que não foram ordenadamente analisados pelos gestores (idem, op. cit.). Além disso, visa diagnosticar a localização de pontos de espera e de estrangulamento que constituem gargalos na gestão de procedimentos e que devem ser eliminados.

É essencial que as metodologias de geração de inteligência permaneçam flexíveis à medida que se avança na busca de informações, assim como é necessária a realização periódica de estudos que aperfeiçoem as técnicas de controle e de avaliação. A preocupação com o processo de retroalimentação indica a importância da Unidade de Informática estar intrinsecamente ligada à Unidade de Inteligência para a colaboração nas proposições de alteração e melhoria dos sistemas de informação, assim como interagir na busca de aperfeiçoamento das metodologias de controle.

Em síntese, a Unidade de Inteligência requer uma estruturação que crie condições fomentadoras de aquisição de *expertise* organizacional, oferecendo conhecimentos que permitam elevar o grau de racionalização dos processos administrativos e a diminuição de certos tipos de discricionalidade e, portanto, de fontes de poder, ao aumentar a previsibilidade das atividades. Da mesma forma, a Unidade de Inteligência deve fomentar ações que permitam a aquisição de *expertise* técnica, promovendo ou desenvolvendo novas metodologias que permitam melhorar a gestão, o desempenho dos funcionários e a avaliação de suas escolhas técnicas.

A auditoria e a correição

O Gabinete, a Ouvidoria e as Unidades de Informática e Inteligência, seriam as partes integrantes de uma estrutura maior que visa minimizar as possibilidades de comportamentos oportunistas. Mas também é necessário adquirir *expertise* sobre os procedimentos que visam a integridade, adequação e eficácia das informações físicas, contábeis, financeiras e operacionais da organização. Por isso, outro setor que deve estar integrado à Controladoria é a *Auditoria.*

As funções da auditoria são bem amplas, mas necessariamente contemplam: (a) a auditoria contábil: salvaguarda dos ativos e da fidedignidade das contas da organização; (b) a auditoria financeira: análise da situação financeira, da legalidade e regularidade das operações contábeis, orçamentárias e patrimoniais, verificando se todas as operações foram devidamente autorizadas, liquidadas, ordenadas, pagas e registradas; e (c) a auditoria de conformidade: análise da legalidade ou regularidade das atividades, operações ou gestão de recursos, verificando se estão em conformidade com a legislação em vigor. A essas funções tradicionais, nos últimos anos, foram acrescentadas as de auditoria de tecnologia da informação, para analisar os sistemas de informática, o ambiente computacional e a segurança da informação, com a finalidade de indicar seus pontos fortes e deficiências. No entanto, é de vital importância a existência de uma *auditoria operacional* que analise a execução das decisões tomadas e a verifique os resultados pretendidos e alcançados das ações governamentais. Essa auditoria coincide com todos os níveis de gestão, nas fases de programação, execução e supervisão, sob o ponto de vista da economia, eficiência e eficácia. Isso ofereceria importantes instrumentos: por um lado, para subsidiar um melhor desempenho das organizações no sentido da redução de custos, da utilização mais adequada dos insumos, do aperfeiçoamento de processos e para uma forma mais eficaz de mensuração para outorga de incentivos por desempenho aos funcionários; por outro, produziria recomendações para o estabelecimento de medidas que visassem corrigir deficiências detectadas. Ou seja, a Auditoria, junto com o setor de inteligência, seria um poderoso avaliador da gestão organizacional.

Para fechar o ciclo, um último fator que devemos levar em conta. Trata-se do papel da Corregedoria. A argumentação é a seguinte: a possibilidade de um funcionário praticar um ato de corrupção depende de um cálculo que leve em conta a probabilidade de o funcionário ser descoberto e as possíveis penalidades, ou seja, se a probabilidade de ele ser descoberto é pequena, as penalidades, quaisquer que sejam, serão em grande medida inócuas. Um exemplo ilustrativo é o que acontece na República Popular da China, onde há um alto grau de corrupção, embora exista, em algumas circunstâncias, pena de morte para o delito (Transparência Internacional, 2006). A força brutal da penalidade não limita os comportamentos oportunistas, pois, no caso, existe fraqueza nos controles, que fazem com que a probabilidade de os corruptos serem pegos seja pequena. A situação não diminui a importância das penalidades. Se em determinada organização o sistema de correição funciona mal, ou não dispõe dos recursos necessários para execução de suas atribuições, e os corruptos escapam impunes, os controles, mesmo que eficientes, perdem sua importância.

As atividades de correição são as relacionadas à apuração de possíveis irregularidades cometidas por servidores públicos e à aplicação das devidas penalidades. Corrigir demanda a realização de diligências objetivando a apuração, de ofício, ou como decorrência de manifestações ou denúncias recebidas, providenciar a instauração e instruir procedimento administrativo disciplinar. Para um melhor desempenho de suas funções, o setor que realiza as funções de Corregedoria deve estar integrado à Controladoria. Ao fazer parte de núcleo duro de controle da organização e, portanto, de seus recursos, há mais possibilidades de realizar suas tarefas com maior grau de eficácia. Isso permitiria que o agente público, propenso a realizar atos de corrupção, veja o sistema geral de controle interno como efetivamente ameaçador e perceba que a pena será mesmo imposta em caso de irregularidades.

Conclusão

De modo geral, tentamos entender como as entidades e os órgãos do Estado podem criar e fortalecer sua capacidade institucional, entendida como capacidade estatal de estabelecer, garantir e fortalecer mecanismos legais e administrativos de coordenação, gestão e controle. Em particular, procuramos entender a importância institucional de um modelo de controle como um instrumento não apenas de controle, mas também de gestão, capaz de tornar mais eficiente e eficaz a estrutura do Estado e colaborar na implementação e avaliação de suas políticas. A corrupção não apenas diminui os ingressos do governo, mas influi nas regulações e nas políticas públicas, gerando condições que desfavorecem tanto a efetividade de sua ação quanto sua imagem. Da mesma forma, o baixo padrão produtivo colabora com a "burocratização" e cria oportunidades de corrupção.

Para fortalecer essa capacidade institucional apresentamos um modelo de Controladoria, entendido como um corpo único capaz de articular todas as fases do controle interno, tendo o Gabinete como órgão coordenador e formado por diversos setores especializados – a Auditoria, a Corregedoria, a Ouvidoria e as Unidades de Inteligência e Informática – que, cada um a sua maneira e de acordo com suas atividades, sejam capazes de proporcionar uma garantia razoável de controle sobre o comportamento dos agentes e ser um importante auxiliar das organizações públicas na consecução de seus objetivos.

Modelo de Controladoria

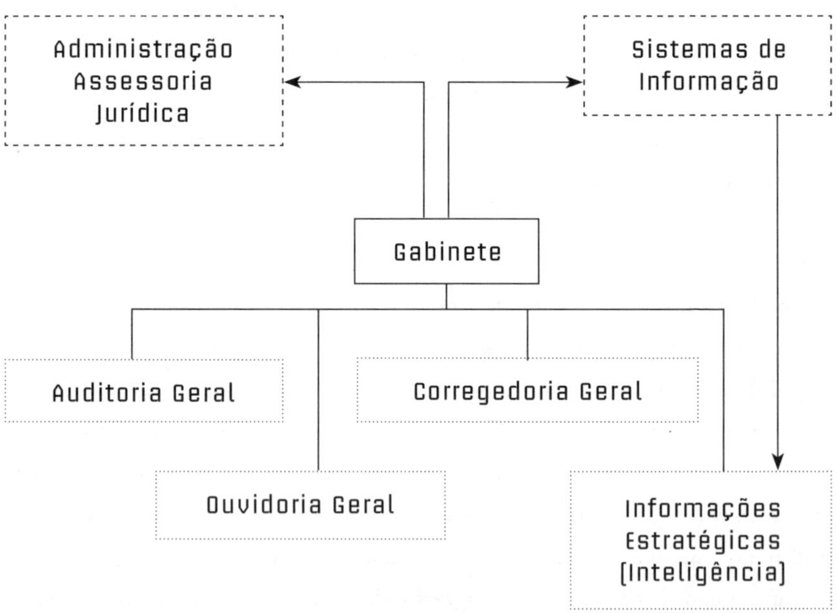

O modelo puro de comando e controle talvez seja útil quando a intervenção é externa à organização – por exemplo, nas intervenções dos Tribunais de Contas –, mas não parece ser o caminho mais eficaz para o controle intraorgânico. Quando o grupo dirigente de uma organização possui expressivos recursos de poder, pode adotar uma linha administrativa de forte autoridade e subordinação. No entanto, essa linha é um recurso efetivo desde que usado com prudência, como instrumento de pressão, entendido como agilizador e restaurador de forças, e não como força intimidatória. Quando usado como intimidação, geralmente têm efeitos adversos sobre a "atmosfera" de trabalho, encorajando comportamentos indiferentes em lugar de cooperativos. Assim, o desenvolvimento estratégico da Controladoria tem de ser encarado essencialmente como uma ferramenta de controle, mas também de gestão. A estratégia é converter o sistema de controle em controle técnico, fazendo com que não seja uma ameaça, mas um instrumento na busca de eficiência e eficácia organizacional.

Para cumprir suas funções, devem-se reconhecer as atividades da Controladoria como estratégicas. Isso requer o estabelecimento de um sistema formal, planejado, contínuo e coordenado de controle. Planejado para responder aos objetivos e às necessidades básicas da organização; contínuo, para capacitar a organização de formas de detecção de desvios de condutas; e finalmente, coordenado, para minimizar a duplicação de atividades e maximizar o alcance e a eficiência da coleta de informação. A questão que se coloca não é apenas a de querer controlar, mas a de adquirir capacidade de controle aumentado o grau de racionalização das atividades públicas. Para lidar com o problema é essencial aliar o poder da legalidade com o poder do conhecimento que permita o desenvolvimento de *capacidade de controle de fato.*

Referências bibliográficas

Abramo, Cláudio; Capobianco, Eduardo; Navaes, Rubens. "Contratações de obras e serviços (licitações)". In: Speck, Bruno (org.). *Caminhos da Transparência.* Campinas: Editora da Unicamp, 2002.

Araújo, Marcelo; Sanchez, Oscar Adolfo. "A corrupção e os Controles Internos do Estado". *Revista Lua Nova*, São Paulo, n. 65, Cedec, 2005.

Barzelay, Michael. *Atravesando la burocracia*. México: FCE, 1998.

Bergamini Junior, Sebastião. "Controles Internos como um instrumento de Governança Corporativa". *Revista do BNDES*, Rio de Janeiro, v. 12, n. 24, 2005.

Bobbio, Norberto. *Estado, governo, sociedade: para uma teoria geral da política*. Rio de Janeiro: Paz e Terra, 1990.

Brown Ribeiro, Renato. "Sistemas de controle da administração pública: busca de uma matriz de análise". Brasília: Senado Federal, 2005. Disponível em: <www.clad.org.ve/fulltext/0053424.pdf>. Acesso em: 26 fev. 2007.

Campos, Luiz Fernando. "Análise da nova gestão do conhecimento: perspectivas para abordagens críticas". *Ciência da Informação*, v. 12, n. 1, abr. 2007.

Canela, Guilherme. "A questão do principal-agente na teoria da regulação e sua conexão com a teoria do *rent-seeking* e dos grupos de interesse". Artigo apresentado no III Simpósio de Pós-Graduação em Ciência Política da USP, São Paulo, 2003.

Cardoso, João Elias. "A relevância das informações estratégicas para a prevenção da corrupção". Artigo apresentado no XI Congreso Internacional del Clad sobre la Reforma del Estado y de la Administración Pública, Ciudad de Guatemala, 7-10 nov. 2006. Disponível em: <www.clad.org.ve/fulltex/0055227.pdf>. Acesso em: 2 mar. 2007.

Holanda, Vitor. *Controladoria governamental no contexto do governo eletrônico*. Tese de Doutorado em Contabilidade. Departamento de Departamento de Contabilidade da FEA/USP, 2002.

Intosai. *Guía para las normas de control interno del sector público*. Comitê de normas de controle interno. Bruxelas: 1993. Disponível em: <www.intosai.org>. Acesso em: 30 maio 2005.

Lyra, Rubens Pinto. "Ouvidor: o defensor dos direitos na Administração Pública brasileira". 2005. Disponível em: <www.unisc.br/fnou/artigos/ouvidor_o_defensor.pdf>. Acesso em: 14 maio 2007.

McCubbins, M. D.; Schwartz, T. "Congressional Oversight Overlooked: Police Patrol *versus* Fire Alarms". *American Journal of Political Science*, n. 28, 1984.

Meirelles, Hely Lopes. *Direito Administrativo Brasileiro*. São Paulo: Malheiro Editores, 2000.

Natsui, Érica. *Inteligência competitiva*. EAD/FEA/USP: 2002. Disponível em: <www.ead.fea.usp.br/tcc/trabalhos/artigo_Erica%20Natsui.pdf>. Acesso em: 14 jul. 2006.

Nonaka; Takeuchi. *Criação de conhecimento na empresa – como as empresas japonesas geram a dinâmica da inovação*. Rio de Janeiro: Campus, 1997.

Pocoví, Gertrudis; Farabollini, Gustavo. *Gobierno Electrónico: Un Cambio Estructural. La Integración de la Información como Requisito*. Clad: Caracas, 2002. Disponível em: <www.clad.org.ve/fulltext/0043193/pdf> Acesso em: 12 mar. 2004.

Ribeiro Vieira, Vânia. "Competências, metas e resultados da Secretaria de Prevenção da Corrupção e Informações Estratégicas da Controladoria-Geral da União". Artigo apresentado no XI Congresso Internacional do Clad sobre a Reforma do Estado e da Administração Pública. Cidade de Guatemala, 7-10 nov. 2006. Disponível em: <www.clad.org.ve/fulltext/0055226.pdf>. Acesso em: 20 out. 2007.

Sanchez, Oscar Adolfo. *Os controles internos da administração pública: a e-governança e a construção de controles no Governo do Estado de São Paulo*. Tese de Doutorado do Departamento de Ciência Política. FFLCH/USP, 2005.

_______. "O poder burocrático e o controle da informação". *Revista Lua Nova*, n. 57, Cedec, São Paulo, 2003.

Schedler, Andreas. *Conceptualizing Accountability*. Boulder/Londres: Lynne Rienner Publishers, 1999.

Thiry-Cherques, Hermano Roberto. "La Guerra Sin Fin Sobre la Productividad Administrativa". *Revista del Clad: Reforma y Democracia*, n. 5, Caracas, 1996.

Transparência Internacional. "Índice de Percepção de Corrupção, 2006". Disponível em: <www.transparencia.org.br>. Acesso em: 24 mar. 2008.

Weber, Max. *Economía y Sociedad: Esbozo de Sociología Comprensiva*. México: Fondo de Cultura Económica, 1964.

Williamson, Oliver. *Las Instituciones Económicas del Capitalismo*. México: Fondo de Cultura Económica, 1989.

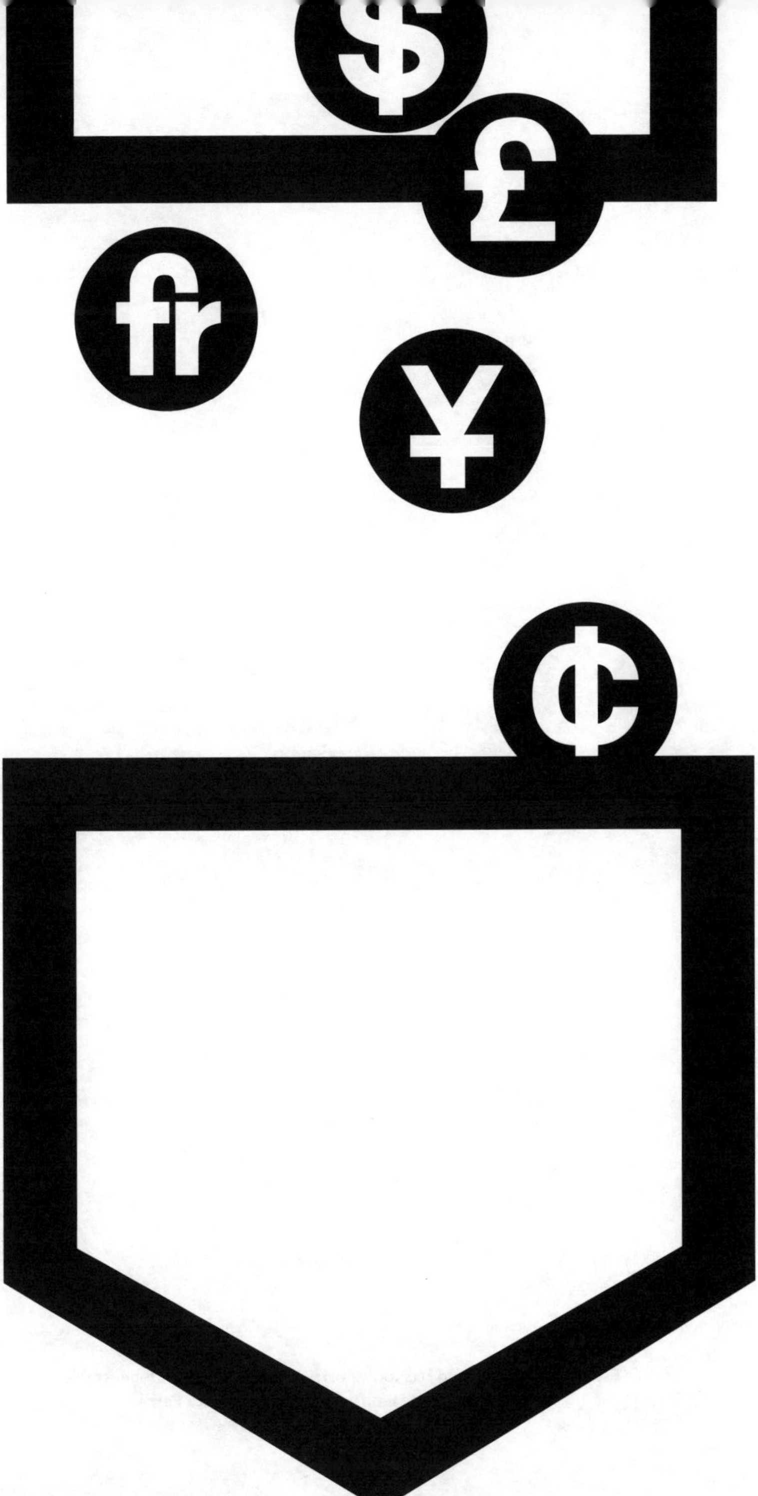
$
£
fr
¥
¢

Este livro foi composto nas fontes Briem Akademi Std e Adobe Arabic
e impresso em papel offset 75g/m², na Gráfica Paym.